孩子的心理健康

魏纪元◎著

吉林出版集团股份有限公司
全国百佳图书出版单位

图书在版编目（CIP）数据

孩子的心理健康 / 魏纪元著 . -- 长春 : 吉林出版集团股份有限公司，2022.2

ISBN 978-7-5731-1292-7

Ⅰ . ①孩… Ⅱ . ①魏… Ⅲ . ①儿童 – 心理健康 – 健康教育 Ⅳ . ① G444

中国版本图书馆 CIP 数据核字 (2022) 第 005449 号

孩子的心理健康

HAIZI DE XINLI JIANKANG

著　　者：魏纪元
策　　划：曹　恒
责任编辑：李　娇　王贝尔
开　　本：880mm × 1230mm　　1/32
字　　数：145 千
印　　张：6.5
版　　次：2022 年 10 月第 1 版
印　　次：2022 年 10 月第 1 次印刷

出版发行：吉林出版集团股份有限公司
地　　址：吉林省长春市福祉大路 5788 号
电　　话：0431-81629968
邮　　编：130000
邮　　箱：11915286@qq.com
印　　刷：德州市永诚印刷有限公司

书　　号：978-7-5731-1292-7
定　　价：29.80 元

前 言

孩子是家庭的未来，孩子的心理健康是广大父母最为关注的问题。

所谓心理健康，就是指一个人有良好的心理素质和健全的人格，即一个人心理上有比较完善的发展，有健康的个性，能适应客观环境，使个人心理倾向和行为与社会现实要求相适应。

塑造孩子健康心理，父母的教育和引导起着至关重要的作用。重视孩子心理健康的父母，会让孩子的性格乐观向上，阳光开朗；而不重视孩子的心理健康的父母，则可能会导致孩子产生各种负面情绪，引发诸多的心理问题。

一般来说，衡量孩子心理健康的标准包括以下几个方面。

第一，智力和认识能力正常。良好的智力水平是保证孩子完成学业的必备心理基础，具体包括能客观地认识外界事物，正确地进行判断、推理，能顺利地完成学习任务。

第二，有理想和目标。即有明确的奋斗目标，有远大的理想，并能为实现自己的理想和目标而拼搏。

第三，懂礼守法。即做到讲文明、懂礼貌、尊老爱幼、遵纪守法、遵守社会公德。

第四，情绪稳定。即情绪波动适度，既不要过分高兴，也不能过分悲伤，恰当地控制自己的情绪，而且对生活充满热爱，充满乐观，富有朝气。

第五，自信友善。即对自己、对社会发展坚定自信，努力进取，并且善于团结他人，宽以待人，广交朋友，能与他人友好相处，有良好和谐的人际关系。

第六，社会适应能力强。即能与现实保持良好的接触，不仅能很快适应各种自然环境，而且能适应家庭、学校和社会生活等社会环境。

第七，自我意识正确。即正确地认识自我，完善自我。有独到见解，有鲜明的是非观、善恶观，做到既不目中无人，又不妄自菲薄。

第八，人格独立。即在符合社会需要的前提下，充分发挥自己的个性特长，保持人格的独立。

父母爱子女，天下皆然。但是如何教育好孩子，让孩子拥有健康的心理，却不是每一位家长都懂得如何去做。

本书旨在帮助广大读者熟悉并了解有关孩子心理健康的诸多问题，告诉各位家长，如何调节孩子的心理，让孩子快乐生活，健康成长！

目录

第一章

合格父母，懂得走进孩子心里

我们要像对待荷叶上的露珠一样小心翼翼地保护儿童的心灵。

——苏霍姆林斯基

世界上任何人也没有什么东西能比孩子们的眼睛更加精细、更加敏捷，对于人的心理上的各种微妙变化更富于敏感的了。

——加里宁

父母要读懂孩子的心

家庭应是充满理解信任、能够让孩子身心轻松的场所，父母应该理解孩子的心理，这样孩子才会乐于和家长交流，从而有利于孩子开朗、坦诚、坚韧等良好心理素质的形成。

作为家长，你有真正关注过孩子的内心世界吗？你真正读懂孩子的心理需求了吗？

有的父母认为只要满足了孩子的物质需求，就等于满足了孩子的心理需要。有些父母更是动不动就居高临下地审视孩子，或是没头没脑地训斥孩子，于是，导致孩子在心理上对父母产生反感，排斥父母。而那些与父母关系不好的孩子，往往也很容易产生心理问题。

小宇和所有的孩子一样，大多时间待在父母的眼皮子底下，一举一动都被父母管得死死的。一会儿被爸爸批评起床太晚，一会儿被妈妈批评书本乱丢，一会儿被奶奶批评吃了太多零食，一会儿被爷爷批评坐没坐相……

那段时间，小宇感觉自己做什么都不对，哪怕躺在床上一动不动都能惹来一顿训斥，情绪坏到了极点。偶尔在微信上跟同学诉诉苦，还要被父母批评“不好好学习，就知道玩手机”。小宇简直郁闷到了极点，用他的话说，“心态已然崩塌，再这样下去，非得心理疾病不可”。

好在终于熬过了假期，学校复课，企业复工。父母欢庆“神兽归笼”，却不知孩子比家长更庆幸还能留着半条命逃离父母的“魔掌”。

家长觉得孩子浑身都是“毛病”，孩子觉得自己做什么家长都不满意，归根结底是因为家长不懂孩子的心理。

父母要想读懂孩子的心，必须能够用心倾听孩子的话。

用心倾听的意思是把孩子放在和父母平等的位置上，真心实意地听孩子说话，而不是形式上的用耳朵听，要让孩子感到“爸妈正在认真听我讲”。但是在实际的家庭教育中，很多父母都喜欢对孩子说教，却从来不听孩子在说什么。学会倾听孩子的心声，是非常重要的，对孩子的成长有很大的帮助，父母是孩子最可信赖的人，在孩子说话的时候，不要试图打断他。

生活中，经常有这样一种情况，孩子刚刚想说话的时候，父母就在一旁打断孩子。比如，孩子刚说了一句：“妈妈，我觉得那件白色的连衣裙挺漂亮的。”妈妈马上就接过去说：“你已经有那么多裙子了，还想买吗？”孩子就可能会觉得尴尬，久而久之，对父母说的话就越来越少了。

孩子在说话的时候，很多家长都喜欢打断他，一股脑儿地把自己的想法说出来，有时候，会让孩子觉得很下不了台，让孩子很难为情。

小文的妈妈有一次带着他和朋友去逛街，路过一个玩具店的时候，小文兴奋地对妈妈说：“妈妈，我觉得那个机器人很好看。”小文的妈妈以为他要买，赶紧打断他说：“什么机器人，你的玩具已经够多了！”小文听到妈妈的回答，马上就不高兴了，就是想买，也不能再说了。

其实小文提起那个机器人未必就是想买，妈妈这样说，反而误解了他，所以，父母一定要慎重地对待孩子说的话。生活中，有些父母对孩子说的话并不放在心上，仅以一种轻视或者旁观的态度来对待。

有一天，佳佳的妈妈接到了孩子课间给她打来的电话，佳佳在电话里说：“妈妈，我觉得今天身体很不舒服，头昏脑涨，浑身没力，上课的时候一直想睡觉。”妈妈心里虽然担心孩子生病了，可嘴上还是说：“让你昨天晚上看电视不要太久了，早点休息你不听，现在不舒服了吧！”妈妈这句话让佳佳很难过，一声不吭地挂断了电话。

佳佳的妈妈因为没有能够控制住自己的情绪，让孩子产生了反感。跟孩子说话的时候，弄清楚孩子心里的真实想法是很重要的。

其实要了解孩子心里的想法并不难，有时候简简单单地重复一下孩子的“话尾”，就能够让孩子对你打开心扉。有一位心理学家曾经做了一个实验，他在一个由小学生家长组成的家庭教育指导班上，找了两组家长，一组扮演听的人，一组扮演说的人。

A：我昨天晚上去超市购物了。

B：去超市购物了啊！

A：超市的人真多呀，人山人海，我排了一个晚上的队。

B：排了一个晚上的队啊？

实验结束之后，心理学家问家长们有什么感想，听的人大部分都说：不知道为什么单纯重复别人说的话也不容易，总感觉有点别扭，有点说不出口。可是说的人却说：没有觉得对方是在重复自己说的话，只是觉得对方在非常认真地听自己说话，而且这种感觉还很好，感觉自己被重视。可见，重复别人说的话看起来很简单，但是它却能传达出“我在认真听你说话”的信息。

认真听孩子说话除了重复孩子说的话之外，肢体语言也能够传达出这个意思。孩子是很敏感的，父母细微的表情或者小动作，都能够让孩子看出你是不是在认真听她说话，即使父母伪装得再好，孩子也能够感受得到。

和孩子说话的时候，要看着孩子的眼睛。很多家长在和孩子沟通的时候，都不看孩子的眼睛。其实，在两个人谈话的时候，要是对方不看着自己的眼睛，就会觉得很不愉快。眼睛是心灵的窗户，孩子心里的很多想法，都能够透过这扇窗户传达出来。有一位老师做过一个实验：他把家长分成两组，一组家长看着对方的眼睛谈话，另一组家长则是不看对方的眼睛说话。实验结果表明，不看对方眼睛的那一组家长很难把话题继续下去。现实生活中的家长们，在你们和自己孩子谈话的时候，是不是看着他的眼睛呢？

看着孩子的眼睛表示你想认真和他沟通，而孩子在说话的时候，你不断地点头，则表示你正在认真听孩子说话。孩子说话时，父母点头附和，也可以时不时插一句“哦，是吗”“接下来呢”“嗯，我也这样认为”等，这样会让孩子谈性更高。如果你不想附和说话的人，只是安静地听着，那么即使你听得很认真，孩子还是无法感受到的。

跟孩子说话的时候要注意姿势和身体动作。眼睛要平视孩子，托起腮帮子坐着或者扬起手的姿势会带给孩子压迫感，其实很多父母没有发现，自己平时一些习惯性的动作也会带给孩子不安或者不愉快的情绪。

孩子说话的时候，父母要注意自己的表情。孩子在和家长谈话的时候，最怕看见家长一脸严肃的样子。看着家长满脸的不高兴，孩子就会产生瑟缩的情绪。“下面的话还该不该继续说”“是不是我讲得不对”等，久而久之，孩子就会产生沟通障碍，说不定再也不愿意和父母谈心了。人们在专心做事的时候很容易做出让人害怕的表情，而孩子们对这些表情的反应更敏感，所以跟孩子对话的时候请你一定要注意自己的表情。

有时候，父母正忙得不可开交，这个时候孩子跟你说话，很多父母就会敷衍孩子，勉强听着，其实这样的方法也是不妥的，孩子能够感觉到你的敷衍，你应该清楚地跟孩子表明：“妈妈现在正忙着写这份报告呢，等一会儿你再跟妈妈说好吗？”这比敷衍孩子、勉强听着的效果更好，更容易赢得孩子的好感。

蹲下来，更容易让孩子打开心扉

英国教育家斯宾塞曾说过：“对孩子训话意味着你要求他绝对服从，让他像你一样思考问题。和孩子朋友式地交谈，意味着大家一起寻找方法解决问题，重新衡量自己的观点，搞清楚究竟谁的更符合实际。”家长总是希望自己的管教能起到立竿见影的作用，可以让孩子下次不再犯同样的错误，可孩子偏偏就是屡教不改，是孩子太顽固了，还是家长自身的教育方式出问题了呢？

有这样一则小故事：

儿童节的时候，一位母亲领着她的女儿去逛当地最豪华的百货商场，她觉得女儿一定会喜欢这里：漂亮的衣服，豪华的玻璃橱窗，好玩的玩具和洋娃娃。可是一到那里，女儿就嚷嚷着要回家，并且一直哭哭啼啼的，手拉着她的衣服就是不肯放开。

“孩子，你这是怎么了，真扫兴，售货阿姨是不接待爱哭的小孩子的。”妈妈责怪地说，可是女儿仍然是眉头紧锁。

过了一段时间，女儿的鞋带松掉了，她蹲下来给女儿系鞋带，无意中往上看了一眼。这是她第一次从孩子的角度去看周围的世界。天哪，她看到了什么？没有漂亮的衣服，也没有豪华的橱窗、可爱的洋娃娃，她眼前只有拥挤的人流，无趣极了。

妈妈立刻把孩子带回家了，并发誓从此以后再也不把自己的思想强加在女儿的身上了。

生活中，有些父母在教育孩子时，总是站着说话、发号施令，他们把自己的思维和主观愿望强加到孩子身上，却很少去考虑孩子的内心想法。一旦自己的愿望与孩子的想法产生碰撞时，他们就会对孩子大失所望，然后强制孩子按自己的意愿行事，根本不会考虑孩子的感受。

其实，每一个孩子都是很明事理的，只要父母善于与孩子沟通，孩子就会知道，父母是非常爱他的，也是很尊重他的。而通过沟通，孩子就会晓得，哪些行为是对的，哪些行为是不可取的，同时，通过沟通，父母还可以更好地了解孩子的想法和行为动向。但是沟通的前提是，家长需要真正理解孩子，懂得孩子的所思所想，而这也就是“蹲下来”的意义所在。

一家人准备坐火车回家探亲时，一个小男孩儿不愿进火车站候车厅，他妈妈很生气，就很严厉地训斥他，小男孩儿在一旁低头不语。妈妈看孩子这样更加来气了，很大声地对孩子说："你抬起头来，听我说话！"孩子还是不理会母亲。

没多一会儿，孩子的爸爸走了过来。看到这样的情景，爸爸蹲在孩子面前，看着他的眼睛，低声地对孩子说："爸爸一直知道你是个聪明、懂事的好孩子，你告诉爸爸你想回老家和哥哥玩儿不？""想！"小男孩儿回答。"回老家和哥哥玩儿，我们就要坐火车回去，那你说我们现在该怎么办？"小男孩儿想了一会儿，说："我们现在要去坐火车了。""我们坐火车要先进站，要等火车开过来，那我们现在先去候车厅等，好吗？"小男孩儿很愉快地接受了，和爸爸妈妈手牵手进火车站了。

在对待孩子的问题上，父母二人采取了不同的方法，收到了不同的效果。父亲采取蹲下来的姿态，和孩子是平等的，孩子觉得父亲是理解他的，自然就收起了自己的敌对情绪，认真思考爸爸所说的话；而母亲则采取居高临下的训斥方法，孩子看到母亲气势汹汹的样子，会感到压抑和恐惧，有话也不敢说出来了。

作为孩子的教育者，父母在平时的家教过程中，当遇到孩子和自己想法或行为不一致时，是否会马上从心里否定他、对他的意见嗤之以鼻、对他的行为表示厌恶而没有从孩子的角度去换位思考呢？

其实，父母应该更多地思考：为什么孩子会产生这样的想法？为什么孩子会有与众不同的行为？孩子是不是看到了一些我们无法看到、无法理解的东西。

只有换位思考，才能避免和减少对话双方的戒备和猜疑，弱化和消除对话过程中的不愉快情绪。父母学会换位思考，能更好地了解孩子和教育孩子，从而使对话朝着父母期望的方向发展。

所以，家长与孩子说话时不妨蹲下身子，设身处地地为孩子着想，以一种孩子能够理解、接受的方式平等地交流、沟通，这样，不仅可以使家长更全面地了解孩子，而且还可以有效地促进孩子心理健康的发展。

在家庭教育中，要做到平等交流和有效沟通，不仅十分重要，而且十分有效。那么，家长怎样才能做到平等地交流、沟通呢？

首先，要有平等的意识，要放下家长的架子，和孩子做朋友。时代在发展，现代社会，平等是人际关系的基础。只有和孩子平等相处，才能做到尊重孩子，为有效的亲子沟通铺平道路，才能和孩子成为朋友，也能为孩子做出尊重他人的榜样。

其次，要换位思考，学习站在孩子的角度看问题。

如果家长都能够蹲下来与孩子平等沟通，与孩子进行换位思考，那么则会更容易走进孩子的心理，亲子之间的关系也将会更融洽。

营造健康教育环境，不做“鸡娃”父母

近年来，在网络上有一个词广泛流行起来，那就是“鸡娃”，意思是父母给孩子“打鸡血”，为了孩子能读好书、考出好成绩，不断给孩子安排学习和活动，不停地让孩子去拼搏的行为。

在这种家庭教育模式下，父母的角色是越位的，导致孩子没有自己的思想空间，做一切事情都以父母的意见为指导，而父母的严格要求以及严厉态度，让孩子的心理压力越来越大。即使将来孩子在学业或事业上取得成功，其心理也很难真正健康、阳光起来。

很多父母由于教育不当，导致孩子叛逆期提前，甚至患上严重的心理疾病。比如电视剧《小欢喜》中的优等生乔英子，她的妈妈采取的就是典型的“鸡娃”式教育。妈妈给她安排了不少补习班，不允许她发展自己的爱好，甚至连选择大学专业也要插手，导致乔英子患上了心理疾病，差点考不了大学。

现实生活中，有的孩子甚至会因此陷入极端情绪，产生

反社会的倾向。

父母要明白自己在孩子成长过程中，要对自己有正确的认知。这就要求父母必须学会如何正确地引导与教育孩子，以使孩子在轻松愉快的家庭氛围中健康成长。

那么，家长应该怎么做，才能避免成为“鸡娃”式父母，最大限度地保护孩子的心理健康呢？

1. 给孩子一定的自主空间

家长不要对孩子的事情处处干涉，而应在必要的时候，给孩子自主选择的权利。比如有的家长会强迫孩子学钢琴、学舞蹈、学绘画，而并不理会孩子的抵触情绪。这样做只会让孩子的心理压力越来越大，并不利于对孩子心理健康的维护。所以，在必要的时候，家长需要给孩子一定的自主空间，让孩子自己做决定。

2. 不要与别人家的孩子攀比

几乎每一位父母口中都有一个“别人家的孩子”，那个孩子学习好、懂礼貌，方方面面都优秀，怎么看都比自家孩子强。

但是家长要知道，每个孩子都有自己的优点和缺点，不要总是拿别人的优点与自家孩子的缺点去比较，而要多想想自家孩子有哪些优点，怎样帮助孩子把优点发扬光大。

有一个定律叫“木桶理论”，一个桶能装多少水，取决于最短的那块木板有多长。但事实上，在孩子的教育上恰恰相反，孩子能取得多大的成就，只取决于他的最强项有多强。

所以，家长平时不要只盯着孩子的缺点，更不要与其他孩子攀比，要多发掘孩子的优点和长项。

对待孩子的教育问题，家长一定要放平心态，不要焦虑，为孩子创造一个健康的教育环境，才能保护好孩子的心理健康。

第一次做父母，不妨陪孩子一起成长

有位教育专家说过，“没有父母的成长，就没有孩子的成长”。

我们的儿女是第一次做孩子，我们也是第一次做父母。孩子没有成长的经验，父母同样缺少教育的经验。要想教育出心理健康、成绩优秀的孩子，父母可以与孩子共同成长，在教育孩子的路上，不断纠正自己的错误，完善教育的方式。

一个认真求教、谦虚的家长，比高高在上、发号施令的家长更易于让孩子接受，也更容易与孩子建立起快乐、平等、和谐、融洽的亲子关系。一般来讲，在快乐、平等、和谐、融洽的家庭中成长起来的孩子，心理健康水平通常更高，孩子不容易产生心理问题。

尤其是在青春期的叛逆阶段，那些与父母关系融洽的孩子，其叛逆表现往往不那么剧烈；而与父母关系紧张的孩子，在青春期往往会由于心理状态的波动而做出许多惊人的叛逆行为。

淘淘一直是老师眼中的乖孩子，不仅学习成绩好，而且讲文明，懂礼貌，热爱集体，关心同学。从小学到高中，他一直担任班长职务，很受老师和同学的信赖。

但是淘淘的爸爸可不这么认为。淘淘的爸爸在外地工作，每个月只回家一两次，每次回来，第一件事就是检查淘淘的学习情况。按说淘淘每次都能考全班的前五名，已经算是很不错的成绩了。但是淘淘爸爸仍不满意，总是训斥他："为什么这道题做错了？为什么那道题也做错了？为什么连这么简单的问题都不会？"

淘淘大气都不敢出，因为他了解爸爸的脾气，如果还嘴，只会换来一顿训斥。

虽然爸爸是复旦大学毕业的高才生，但是淘淘遇到问题根本不敢向爸爸请教，生怕再被骂。

由于爸爸的严厉教育和经常性的责骂，淘淘的心理非常压抑，尤其是每次爸爸回家，他都提心吊胆，害怕又被骂。这种情况一直持续到淘淘读高中一年级。

高一的时候，淘淘开始表现出叛逆心理，爸爸骂他，他不再像以前一样低着头乖乖听着，而是抬起头怒视爸爸的眼睛；后来，爸爸骂他，他开始还嘴；再后来，爸爸揍他，他甚至握紧了拳头，准备还手。

就是这样一个原本乖巧听话的孩子，由于父亲简单粗暴的教育，出现了严重的青春期叛逆问题。

面对孩子，家长总认为自己是对的，孩子是错的；自己走过的桥比孩子走过的路还多，孩子应该听自己的。

但是，家长要明白，虽然自己的年纪比孩子大，但自己也只不过是第一次做父母，并不懂得该怎样正确地教育孩子。如果教育方法不当，非但不能帮孩子改正缺点，弥补不足，反而可能导致孩子由于过度的心理压力而影响心理的健康。

所以，在教育孩子的问题上，家长需要与孩子相互指教，共同成才。

1. 遇到问题与孩子沟通协商解决，不能粗暴对待

像上面的故事中，家长发现孩子考试做错了题，首先要做的不是指责孩子，而是搞清楚孩子为什么会做错，是因为不会做，还是因为马虎。

如果是因为对知识点掌握不扎实，不会做题，那么家长需要做的是帮助孩子补习功课，把知识学扎实。

如果是因为马虎大意，那么，家长就要在平时的生活中有意识地培养孩子认真仔细的做事习惯。

在这个过程中，最重要的就是与孩子沟通，了解问题发生的原因；再通过协商，讨论出一个孩子和家长都能接受的

解决办法。家长和孩子都要做到心平气和，不要发生语言或行为上的激烈冲突，那样对孩子的心理健康是不利的。

2. 孩子犯了错误，家长要认真将自己的真实感受和想法告诉孩子

很多时候，孩子犯了错，家长的第一反应都是责骂孩子调皮、捣蛋、不听话等。但是，这样做并不能让孩子真正认识到自己的错误，只会觉得家长对自己太凶了，心里难过。

下次如果孩子犯错误，家长可以试试，向孩子表达自己的真实感受。

比如，孩子打碎了一只花瓶，不要责骂孩子淘气，而是告诉孩子："花瓶属于玻璃制品，打碎花瓶后，花瓶碎片可能会划伤你的手，爸爸妈妈非常担心你的安全。""花瓶的碎片掉在地板的角落里、缝隙里，很难清理，爸爸妈妈上班很辛苦，下班后还要清理这些花瓶碎片，会增加很多工作量。""这个花瓶是爸爸妈妈结婚时买的，有重要的纪念意义，就这样打碎了，我们很难过。"

父母这样心平气和地表达自己的真实感受，比起责骂，更容易让孩子理解，引起孩子的共鸣。下一次，孩子就会更小心一些，不再犯类似的错误。

3. 允许孩子指出自己的错误

中国自古以来家长在家中有绝对的权威，家长的决定无论对错孩子都要执行。但是时代在发展，现在的孩子已经不

再认同这样的家庭教育方式，他们更喜欢平等的家庭氛围，希望争取到与父母平等的话语权。

所以，家长也应该允许孩子对自己的语言和行为提出质疑。况且，人无完人，家长的话并不总是对的。如果家长确实有错，那么经由孩子指出并改正，也是对自我的提升。

心理学家黑尔加·吉尔特勒说过："如果你放弃权力，放弃你的优越感，那么你得到孩子的信任和尊敬的机会就更大。"因此，在教育的过程中，父母应该把自己与子女摆在平等的位置上，犯了错误要允许孩子指出并改正，与孩子一起成长。

总之，要想让孩子获得健康的心理，家长需要与孩子一起摸索着前进，找出适合孩子也适合家长的教育方法，在这个过程中，需要家长和孩子相互指教。

遇到问题，多站在孩子的角度思考

很多父母都有这样的感受：孩子随着年龄的增长，在心理上与家长的距离越来越远。

小时候，孩子在幼儿园或学校发生了什么，都会在放学后急不可待地告诉父母；长大后，父母问孩子在学校发生了什么，孩子只会说“没什么”。小时候，孩子会主动告诉父母，自己有哪些好朋友，分别叫什么名字，是男孩儿还是女孩儿；长大后，父母问孩子刚刚跟谁打电话，孩子只会说“说了你也不认识”。

家长不知道为什么孩子与自己越来越远，甚至不知道从什么时候开始自己已经跟不上孩子的脚步，不知道孩子的心里在想些什么了。

随着子女不断长大，他们会渐渐走出家庭，走入学校，走入社会，父母对子女生活的参与度变得越来越低。但是大部分父母还是希望自己能够跟随孩子走得更久更远。

然而，孩子在心理上开始与父母疏远，往往都发生在父母没有察觉的时候。

可能是一次考试失误，父母责骂了孩子，却没有考虑到孩子考试当天身体不适影响了发挥；可能是一次与同学发生冲突，父母不问青红皂白就批评了孩子，却没有听孩子解释，其实是对方惯于欺负同学而他仗义执言……就这样孩子渐渐在心理与父母生出了隔阂，认为父母不关心自己、不理解自己，因此也渐渐不再愿意对父母说心里话，不再愿意与父母沟通交流。

小伟放学回家，一放下书包就打开电视，因为老师要求他们准时观看科技频道的一档节目，并就此写一篇作文。

正在准备晚餐的妈妈见孩子回来就只顾着看电视，有点生气，忍不住数落起来："你就知道看电视！作业做了没有啊？你看弟弟多听话，一回来就做功课，做完了还帮我出去买东西。你看你，还像个哥哥的样子吗？"

"是啊，是啊，什么都是弟弟好，那当初你干吗要生我？"小伟生气地喊起来。他就是不明白，为什么同样是妈妈的孩子，弟弟老是受到表扬，而自己总是挨骂呢？难道自己就真的一无是处，真的这么多余吗？妈妈的话真的伤了他的心。

类似这样的事情在很多家庭也时有发生，本来很平常的对话，说着说着两代人就吵了起来。孩子为什么这样不听话呢？与孩子对话为什么就这么难呢？孩子怎么就不能理解父母的心呢？像小伟的母亲一样，很多父母不止一次地自问。这样的家庭教育，问题到底出在哪里呢？

就上例而言，孩子不领情，母子俩对话不欢而散，主要原因是双方都站在自己的角度考虑问题，缺乏换位思考。这样就很难体会到对方的内心感受，导致双方心理活动的错位。母亲想的是小伟应该抓紧时间学习，小伟觉得回到家了就应该把紧张的神经松一松，却不懂得母亲催促自己是希望自己能有更大的进步。由于母子俩内心的想法不同，彼此都只站在自己的立场上思考问题，所以就导致对话双方彼此不满。由此，一场母子间的"舌战"自然就不可避免了。

但是我们仍然可以看到，在有些家庭里，即便子女已经长大成人，依然与父母保持很亲密的关系。仔细了解就可以发现，这样的家庭，父母多半开明，能够与孩子真正交心，父母理解孩子的苦衷，孩子也能体谅父母的艰辛。在这种家庭成长起来的孩子，大部分都会表现出积极、乐观、沉稳、豁达的心理状态，遇事能够心平气和地讨论解决，而往往不会走极端。

所以，在平时的生活中，家长要注意多站在孩子的角度思考问题，设身处地为孩子着想。

当孩子和自己的想法或行为不一样时，不要马上从心里否定孩子、对孩子的意见嗤之以鼻、对孩子的行为表示厌恶，而是要多思考：孩子为什么会这么想、这么说、这么做，他的出发点是什么，他是否有自己的苦衷。同时也要想一想：如果我是孩子，我会怎么做？

只有站在孩子的角度去思考，设身处地地为孩子着想，才有可能减少甚至避免父母与子女之间的戒备和猜疑，弱化和消除对话过程中的不愉快情绪，以便更好地了解孩子和教育孩子，使孩子的心理得到健康发展。

代沟可以慢慢填平

父母与子女之间，代沟总是不可避免的。

什么是代沟？代沟是指两代人因价值观念、思维方式、行为方式、道德标准等方面的不同而带来的思想观念、行为习惯的差异。当前，一边是家长们长嘘，现在的孩子太难管，不听话；一边是孩子们短叹，家长怎么不理解我们的心理，他们不也是从我们这个年纪长大的吗？

——简而言之，这种相互的不理解就叫代沟。

某媒体有一次对 500 名中学生进行问卷调查，反映与父母有“代沟”的占 90%，可见“代沟”在现代家庭中的比例之大。至于“代沟”在家庭中的表现，则主要集中在“穿衣打扮”“业余爱好”“零用钱消费”“课外读物”“交友”“隐私”等方面的分歧。

要解决好代沟的问题，首先要明白为什么会产生代沟。

社会发展日新月异，知识的更新速度也在不断加快。孩子对新事物的接受能力通常比较强，而父母对新事物的接受能力往往比较弱，这就拉开了一个认知层面的鸿沟。与此同时，一些父母并不能正视自己的认知水平已经跟不上时代，而是坚持认为自己的观点和想法都是正确的，如果孩子的想法跟自己不同，就坚信是孩子错了，总喜欢用“我走的桥比你走的路还多，我吃的盐比你吃的饭还多”这种“经验论”去教育孩子。而孩子呢？并不能真正认同父母的这种说法，也不能认识到父母的经验确实有可取之处，而是固执地认为自己已经长大了，自己什么都懂，不需要听父母唠叨那些过时的观点。双方不能有效沟通，就导致矛盾进一步扩大。

其实，我们不应把代沟的责任简单地归于父母或孩子，俗话说，一个巴掌拍不响。代沟往往是因为父母与孩子之间缺乏沟通而产生的。作为父母，到底应该如何教育孩子，一起填平彼此之间的代沟呢？

1. 父母要不断学习新事物，跟上时代

父母与孩子产生代沟的第一步，往往是从父母放弃学习开始的。社会发展日新月异，如今在孩子中间流行的东西，如果家长根本不懂，就很难与孩子同频沟通。

另外，对于一些互联网信息，家长也应进行适当的接触和了解，当孩子说到某个相关话题的时候，不至于接不上话。

2. 父母要学习一些心理学知识，了解孩子在不同年龄段的心理特点不同年龄的孩子，其心理状态是完全不同的。要想了解孩子的心理问题，帮助孩子保持心理健康，家长就需要掌握一定的心理学知识，能够从专业的角度去发现孩子的心理问题，并给予适当的调节和引导，帮助孩子解决心理问题，摆脱心理障碍，健康快乐地成长。

总而言之，父母与子女之间产生代沟，归根结底是因为父母的思想跟不上孩子的脚步。但是，只要父母努力去适应时代的发展潮流，加强自身学习，那么与孩子之间的代沟就能够逐渐缩小，甚至消失。

第二章

父母的爱，是孩子飞翔的翅膀

慈母的胳膊是慈爱构成的，孩子睡在里面怎能不甜?

——雨果

家庭的基础无疑是父母对其新生儿女具有特殊的情感。

——罗素

孩子最需要的，是父母的爱

有人说：“有父母的地方就是家。”这个家不是一间屋子，而是血缘与亲情共同构造的一片天地。还有人说：“父母是儿女的依靠，是儿女人生奋战的大后方。”的确如此，有父母的地方就有温暖，就有爱。而孩子成长过程中最需要的，也正是父母的爱。有了父母爱的滋养，孩子的心理能够更健康。

诚然，很少有父母会不爱自己的孩子。自从父母感知孩子存在的那一刻，便倾注了自己的柔情，全身心地付出自己的关爱，小心地呵护着。孩子每天吃什么，喝什么，该做怎样的检查……作为父母，一丝都不敢怠慢。

有一个 10 岁的唇裂的小女孩儿，在她的日记中记载了一件很普通的事情——每天晚上小女孩儿睡觉前，妈妈都会在她的小脸上亲吻一下。她写道：“如果晚上睡觉时妈妈亲亲我，我就会觉得自己像一个小公主那么骄傲，我会高高兴兴地睡觉；可是如果妈妈忙，忘了亲亲我，我就会一直做梦，有时甚至不敢入睡。”

女孩儿的妈妈无意中读到了这篇日记，心里很不平静。因为孩子生下来就有唇裂，这给父母的心里带来了很大的失落感。

由于女孩生下来就有唇裂，所以，当父母的要比其他正常孩子的父母花费更多的心血和精力去呵护她。为了治愈女儿的唇裂，夫妻俩四处筹集资金，积极地为孩子治疗。

当孩子开始接触外界的时候，夫妻俩就做好了心理准备，准备接受别人的“惊讶”“嘲笑”“厌恶”“恐惧”等各种情绪。

当孩子稍微懂事的时候，当她感受到别人的嘲笑，第一次跑回家哭泣的时候，爸爸妈妈便告诉孩子：“你是我们唯一的宝贝，虽然你的外表与别人不一样，但是你同样完美，你心地善良、冰雪聪明、活泼开朗。你同其他宝贝一样，也是这世间的精灵，是爸爸妈妈的小天使！”或许孩子还听不太懂爸爸妈妈的话，可是她能体会到父母对她的深深爱意。

就这样，这个患有先天唇裂的小女孩儿健康快乐地成长起来，在心理上没有受到任何不良影响，一直都是一个乐观开朗的小姑娘。

可以说，给孩子无私的爱是为人父母的天性，这种爱是保证孩子心理健康的基础。然而，父母在给孩子无私关爱的同时，应注意以下几点。

1. 父母要有理智、有分寸地关心爱护孩子

父母爱孩子是一种天性，但是要把握好尺度，如果超过一定的尺度，就会变成“溺爱”，而溺爱是不利于孩子养成健康心理的。

现在的家庭，大都是独生子女，而这些独生子女家庭，父母将全部的爱都倾注到一个孩子身上，则容易导致孩子飞扬跋扈、目无他人，更不懂得孝敬父母、尊重长辈，甚至产生自私自利的心理。

所以，在平时的生活中，父母既要让孩子感受到父母的关爱、家庭的温暖，又要让孩子懂得关心父母和其他家庭成员，并逐步要求孩子在能力所及的范围内，做到“自己的事情自己做”，同时帮助父母分担一些家务。这不仅有利于培养孩子热爱劳动、关心集体的好品德，而且有利于培养孩子的自立和自理的能力。

2. 父母要正确对待孩子的要求

孩子会有各种各样的需求，大体上包括两种：一是物质需求，二是精神需求。而人的需求也是无止境的，总想得到更多，正所谓“欲壑难填”，这是人的本性。

所以，家长面对孩子的需求，也要具体问题具体分析，要综合考量家庭的实际经济状况，以及是否有利于孩子的身心健康；不能对孩子百依百顺，有求必应。因为过分地满足孩子的需求，容易引发孩子过高的欲望，导致孩子滋生贪婪

的心理。一旦父母无力满足其需求时，则有可能引起孩子的不满，致使孩子难以管教；而当孩子的欲望强烈又得不到满足时，就容易走错路。

3. 父母对孩子的要求要适当合理

有的父母，出于为孩子将来着想的原因，会对孩子提出过高的要求，比如考试必须门门功课一百分等。虽然父母是因为爱孩子才提出这样的要求，但是会给孩子造成很大的心理压力，不利于孩子的心理健康。

因此，父母对孩子的要求，既要符合孩子的实际能力，又要有利于孩子的身心健康。也就是说，要设立那种，孩子踮起脚尖就可以够得着的目标。

如果目标太高，孩子跳起来都够不着，那么孩子就可能产生沮丧心理，甚至破罐破摔，干脆不去努力了——因为反正无论怎样努力都够不着；反之，如果目标太低，孩子无须努力，轻轻松松就可以够到，那么则可能让孩子失去奋斗的动力。

所以，父母对孩子的要求要适当、合理，以激发孩子积极进取的心理。

4. 父母要对孩子始终充满期望

父母给孩子最好的爱，就是始终对孩子充满期待，永远不放弃孩子，永远认为孩子可以做到更好。

这个世界上，每一个孩子都是不一样的，性别不一样，长相不一样，身高体重也不一样，此外，在智力水平、健康水平等方面也是千差万别的。即使是双胞胎，也会存在性格等方面的差异。所以，父母对孩子要因材施教，根据孩子的自身特点，采取适宜的教育方式。而不能因为孩子不够聪明，学东西慢，或者不够健康，就放弃对孩子的培养。

有的父母，在孩子不听话的时候，会恨铁不成钢地说："就当我没生过你！"这非但不能起到教育孩子的作用，反而可能让孩子产生自暴自弃的心理。为人父母，并非儿戏，是不可以这样做的。

没有教育不好的孩子，只有不懂教育的父母。

作为父母，必须对孩子始终充满期待，相信孩子可以做到最好，鼓励孩子不断去努力，同时也帮助孩子达成更高的目标。这才是爱孩子的正确方式。

当黑暗袭来时，父母无私的爱，恰似不灭的灯塔，给孩子光明；当意志消沉时，父母无私的爱，恰似激昂的旋律，给孩子鼓舞；当生命面临干涸时，父母无私的爱，恰似大江大河的源泉，给孩子希望。正是父母的爱，能够让孩子始终保持健康心理，坚定勇敢地面对生活中的一切风浪。

父母是天使，带孩子飞向光明

孩子是怀着无限的希望来到人间的，在睁眼的一瞬间，他就已坚信妈妈是自己的天使。既然是天使，就应该给予孩子爱、激励、保护……

可惜的是，很多家长并没有做到这些。

数学月考的试卷发下来了，平平满脸喜悦回到家里，一进房门就兴高采烈地对妈妈说："昨天我们班数学月考，今天试卷就发下来了，您猜我考了多少分？"

"95分？"妈妈问。

"82分，比上次月考成绩高了10分，老师都表扬我了呢！"平平有几分得意地说。

"哦，那婷婷考了多少分？"妈妈又问。

"好像是92分。"平平有点不高兴地回答。

妈妈似乎并没有察觉到孩子情绪上的变化，接着说道："怎么又比她考得差呢？你还得努力追赶人家才行啊！”

“您凭什么说我没有努力呢？这次考试成绩比上次提高了10分，老师都表扬我进步了，而您总是不满意，永远不满意！”平平生气了，他提高嗓门冲着妈妈大声地喊起来。

“你怎么这样不懂事，我这样说也是为了你好。你看人家婷婷，家庭条件好，成绩也好，你不努力，将来凭什么立足？”妈妈喋喋不休地说。

“我怎么不争气啦？您嫌我丢脸是不是？人家婷婷好，那就让她做您的女儿好啦！”平平怒气冲冲地走进自己的房间，“砰”的一声把门关上了。

在家庭里，家长与孩子往往是不平等的，普遍形成了“家长说，孩子听”的惯例。父母是至高无上的权威，孩子要逆来顺受，无条件地服从。

许多父母认为自己给了孩子生命，孩子就是自己的私有财产，于是总在无形中把自己当作孩子的领导者、管理者。这样的父母，遇到孩子调皮或者成绩不够理想时，就会摆出封建家长的派头，斥责孩子，并认为自己有权利对孩子进行惩罚。

世界上没有不爱自己孩子的父母，但为什么许多孩子的心中却满目疮痍？是的，家长总有一堆理由证明自己这样做是为了孩子好，只可惜，这样的爱是不平等的。

“爱”是人类最熟悉的一个词，也是人类的生命之源。爱孩子，就要尊重孩子，尊重孩子的自我选择；爱孩子，就要理解孩子，理解孩子的痛苦和欢乐；爱孩子，就要懂得欣赏孩子的优点，并随时发现孩子的各种能力和热情，为孩子的每一点进步鼓掌；爱孩子，就不要以指责和挑剔的态度对孩子，更不要把自己的意志强加于孩子。要知道，爱所表达的是体谅、信任和理解。

有一位小学老师在家长会上讲述了一件自己亲身经历的事情：“去年，我们班有一个男生，刚开学时各方面表现都不太理想，当时他父母既着急又失落，对他的表现很不满意。有一次，在语言活动中，全班只有他能将《小蝌蚪找妈妈》这个故事完整地复述出来。当时我很惊讶，别看他平时在班上不多言语，其实他暗暗认真、细心地记住了老师所教的内容和知识。那天以后，我认识到，每个孩子身上都有闪光点，只是家长有没有注意、有没有发现而已。家长平时要以健康的心态与孩子交流，要用爱的目光注视孩子，做孩子的天使，多鼓励、多支持，孩子就一定会不断地带给大人惊喜。”

那么，父母怎样才能成为孩子的天使呢？

1．做个美丽的天使

父母就像是孩子的一面镜子，父母的一颦一笑、一言一行都会成为孩子模仿的对象。因此，对于父母而言，美丽就意味着一身干净整洁的衣着，一口文明的语言，一种得体优雅的举止。

当父母做到这些的时候，孩子也会学着保持干净整洁、言语文明、举止得体。同时，孩子也会从内心认同自己是一个体面的人，以后做人做事都会朝着这个方向去努力，像在大街上随地吐痰，在公交车上与人拥挤撕扯、与人发生纠纷时争吵谩骂，等等，这样的事，一般就不会去做。这样风度儒雅的孩子，大都性情敦厚，内心豁达，不容易产生狭隘、自私等心理问题。

2. 做个快乐的天使

幼教之父陈鹤琴先生在《活教育》一书中提到的理想的父母形象，第一个标准就是和蔼可亲，说笑有礼。

有一位老师在与学生的交谈中，发现很多学生不知道如何做一个快乐的人，遇到困难就愁眉不展，碰到挫折就自怨自艾，稍遇不公就大发雷霆。老师再问："你们的父母笑口常开吗？"答案全是否定的。老师后来总结说："父母应做孩子乐观的榜样。"

孩子的情绪会受到父母的影响。如果父母乐观积极，孩子耳濡目染，也会养成乐观积极的良好心态；而不会陷入不良情绪中，影响心理健康。

3. 做纯真善良的天使

在孩子的眼里，万物都是有灵性的，他们会向漂亮的花儿招手，会跟着蝴蝶翩翩起舞，会为找不着妈妈的小鸭子流泪。每一颗童心里都蕴藏着一个美丽的童话，只有纯真善良的父母才能进入这“童话的世界”。

另外，父母保持纯真善良，也会影响到孩子，使孩子同样能够保持纯真善良。这样的孩子，心理一般都会比较健康。

父母是孩子的天使，如果父母美丽、快乐、善良、纯真，孩子也会在父母的影响下养成同样的品性，保持健康的心理。

“忙”不是忽略孩子的理由

当今社会，由于生活节奏快、工作压力大，有些父母压根没有时间关注自己的孩子。他们一心为了事业、为了赚钱，一大早就匆匆赶去上班，很晚了才拖着疲倦的身躯回到家，还要忙着做饭、做家务，吃过饭后立刻催促孩子回房间写作业，而自己又是加班到深夜，不知不觉中忽略了孩子的情感需求。

长此以往，在父母的忽视与冷淡中成长起来的孩子很可能产生各种心理问题，比如孤独、自闭、不善交际等。据心理学家研究表明，缺少父母关注的孩子多数不能很好地与人相处，他们怕冒险、怕探索、怕接触陌生人。由此我们可以看出，孩子的心理健康离不开父母的陪伴。

“80后”“90后”的人，很多都会怀念小时候身处的大家庭时代。那时，一家人吃过晚饭便在院子里乘凉、聊天，热闹非凡。到了春节，大家欢聚一堂，晚辈向长辈拜年，长辈给晚辈分发压岁钱，全家人其乐融融。然而，今天的情况大不一样了，家长忙于自己的事情，孩子有着自己的乐趣，亲子关系就这样慢慢地变得淡薄。

有位妈妈在一次下班时，天色已经很晚了。当她回到家里，看到5岁的女儿正站在小区门口等她。此时，她因为繁重的工作而感到身心疲惫，心情也坏到了极点，因此，她只是面无表情地带着女儿回到家……

"妈妈，"女儿叫道，"你能答应我一件事情吗？"

"什么事情？"

"我能到你单位去吗？"

"你瞎说什么，我在工作，又不是玩。"妈妈非常生气地说。

女儿看到妈妈凶神恶煞的样子只好默默回到房间里。

过了一会儿，妈妈感到自己不应该对孩子这么凶，于是来到女儿的房间，问："你为什么想到妈妈单位去？"

"我总是看不到妈妈，我想妈妈，到了妈妈单位就能看到妈妈了。"女儿小心翼翼地说。

女儿的话击中了妈妈的软肋，她感到最近一段时间对女儿的关心实在是太少了。自此以后，她每天下班后都立刻赶回家陪伴孩子，而且注重与孩子心灵上的交流，女儿也从原来的沉默寡言变得活泼、开朗起来。看到女儿健康快乐地成长，妈妈终于知道了对孩子的陪伴有多么重要。

的确，孩子的健康成长需要父母的陪伴。"忙"不是忽视孩子的理由，称职的父母总会忙里偷闲，抽时间陪孩子。

曾经有个叫南南的15岁女孩儿，以600多分的成绩考上了一所985大学，成为周围很多学生和家长艳羡的对象。很多人都想知道她的成长环境是怎样的，她的妈妈说：“周围许多同事、朋友的孩子都学得太累，每晚作业做到深夜，周末被各种补习班、兴趣班侵占，小小年纪的孩子比大人的压力还大。我的女儿就非常轻松，她从小就经常在我们的带领下到户外玩耍，而且每次都玩得很尽兴。同时，不管工作再忙再累，我们都一定抽出时间和孩子一起学习。当孩子在学习中遇到困难时，家长一定要帮他，也一定能帮他。这比请家教效果好十倍。一些家长认为自己文化水平低而孩子学习的内容又太深奥，根本帮不了孩子。其实，家长只要陪着孩子一起学就行了，并不是要家长讲解。即使家长不懂，也可以读一读要领、例题，引导孩子思考。”

不管多忙多累，父母都不要忽视对孩子的陪伴。在与孩子交流、玩耍的过程中，家长既可以缓解自己的工作压力，又可以增进亲子关系，避免孩子产生心理问题。

1. 多和孩子进行交流

为了培养孩子的健康心理，父母必须经常挤时间出来陪孩子。每天下班回到家后，跟孩子聊聊天，问问孩子在幼儿园或学校的情况，如：“今天在幼儿园交到了好朋友没有？”“学校发生了什么印象深刻的事情？”让孩子感受到父母对自己的关心。

2. 利用节假日带孩子外出游玩

外出游玩，不仅可以让孩子开阔视野增长见识，还能锻炼孩子其他方面的能力，如与陌生人交往，对行程做计划安排等。更重要的是，在游玩的过程中，可以增进父母与孩子之间的亲密关系，让孩子体会到父母的爱。

父母再忙，都不要忽视了对孩子的陪伴。只有在父母的陪伴下，孩子才能够保持健康的心理，快乐地成长。

温柔其实也是一种力量

很多父母在教育孩子方面，都有这样的误区，认为对孩子就要严厉一点，不然就管不住孩子。还有的父母信奉“棍棒底下出孝子”，对孩子动辄打骂。在这种教育方式下成长起来的孩子，无论学习是否优秀，事业是否成功，都容易产生一种共同的心理问题，那就是崇尚暴力，遇到事情总喜欢用暴力解决。

而反观那些崇尚温和教育的家长，即使孩子犯了错误，也不会轻易动怒，而是会心平气和地跟孩子讲道理，让孩子明白自己错在哪里，犯这样的错误会产生怎样的不良影响，以及今后应该如何改正。在这种家庭教育下成长起来的孩子，往往与他的父母一样性情温和，心理健康。

阳阳和硕硕是同班同学，也住在同一个小区。小学一年级第一次期中考试，阳阳各门功课都得了 70 多分，而硕硕各门功课都不及格。

阳阳回到家后，遭到了爸爸的训斥，爸爸朝他吼道：“才考了这么点分，还有脸回来！以后别说你是我儿子，我丢不起这人！”阳阳低着头，吓得瑟瑟发抖。

而硕硕回到家后，爸爸温和地安慰他说：“一次考不好没关系，下次咱们争取好好考！来，让爸爸看看考试卷，哪里不会，爸爸帮你补课！”硕硕坚定地点点头，拿出试卷，在爸爸的陪伴下开始学习。

不知不觉过了几个月，到了期末考试，这次，阳阳只得了60 多分，而硕硕考了 70 多分。

阳阳回到家，又被爸爸痛骂了一顿：“成绩一次不如一次，你到底有没有认真学习！我真是白养你了！”听着爸爸的怒吼声，阳阳低着头，流了满脸的泪水。

而硕硕回到家后，爸爸高兴地说：“这次进步很大，爸爸真为你高兴！下次咱们争取考更高的分数！”硕硕笑着点点头，以后学习更加努力了。

等到小学毕业的时候，阳阳成了全班的倒数第一名，上课根本不听讲，还时不时逃学，几乎放弃了自己的学业；而硕硕此时成了全班的尖子生，学习成绩在班上数一数二。

阳阳爸爸的吼叫式教育，将孩子吓得一步一步后退，不仅出现厌学情绪，而且产生了很多心理问题，比如胆怯、冷漠、悲观、自卑等。而硕硕爸爸的温和式教育，让孩子在温馨和睦的家庭氛围下，一点一点进步，不断增强自信，最终成了一个心理阳光、成绩优秀的少年。

美国记者安尼·罗克曾明确指出，教好孩子的关键是父母的态度，而不是孩子的聪敏。父母的态度正确与否，对能否教育好孩子起着关键性作用。香港大学一位心理学博士针对家长坚持的“孩子教不好是孩子有问题”的观点进行实验，结果发现，“问题孩子”有问题的首要原因是父母在对待孩子的态度上出现了问题。

因此，作为家长，要懂得运用温柔的力量，而不要使用暴力解决问题。

1. 让自己成为一个温柔的人

有的家长认为，自己天生暴脾气，温柔不起来。但事实上，每个人都有温柔的一面，只看自己是否能够把这一面发掘出来。

在平时的生活中，家长就要注意培养自己温柔的气质，凡事心平气和，冷静思考，不轻易动怒。即使与别人出现意见分歧，也要一字一句、有理有据地阐述自己的观点，而不能试图通过争吵甚至打架来解决问题。

2. 对待孩子要耐心

是否有耐心是考察一个人温柔与否的重要指标。性格温柔的父母，一定会对孩子有耐心。即使孩子做错事情，也不要急着批评孩子，而要耐心地听孩子说说他这样做的理由，然后再给出合理的意见。即使孩子头脑不灵活，学不会知识，也不要急着否定孩子，骂孩子“笨蛋”，而要耐心地给孩子慢慢讲解，直到孩子能够理解相关的知识点。

3．对孩子多鼓励，勿打骂

温柔的父母都擅长鼓励孩子，通过鼓励，能够让孩子产生积极的心理，获得面对问题的勇气和力量；而那些在父母的棍棒下成长起来的孩子，则很容易变得胆小、懦弱、自卑，不仅影响心理健康，更会阻碍学业和事业的进步。

家长要知道，温柔的力量比打骂的力量更强大，家长温柔的言行能够在不知不觉间温暖孩子的心灵，让孩子的心里充满阳光，让孩子幸福快乐地成长。

爱孩子，就给孩子温暖的抱抱

拥抱是一个大家都熟悉的身体动作，是一种表达情感的方式。发自内心的拥抱能迅速传递内心的感受，传递心中的爱，把无法用语言表达的情感传递给对方。美国著名的心理学家赫洛德·傅斯博士研究发现，拥抱可以让人更年轻、更有活力，并能让家人之间更亲密。父母常常拥抱自己的孩子，能提高他们的心理素质，让他们变得更坚强。同时，拥抱也是对孩子最好的肯定。

当一个孩子被拥抱时，他的幸福感和安全感是比较强烈的，这是促进孩子情感发展的重要基础。拥抱，是一种亲密接触，是心灵真情的表露，是爱心火花的迸发，孩子需要用拥抱来宣泄、表达、欢庆和抚慰生活中的喜怒哀乐。一个长期不被父母拥抱的孩子，他的心灵和情感都是孤独的，容易形成敏感退缩、脆弱的心理特征。所以，父母平时应多拥抱孩子，帮助孩子形成健康的心理。

一天，小学二年级的小杰在学校里突然发起高烧。由于正处新冠肺炎疫情期间，班主任老师赶紧把小杰送到学校的医务室，安排隔离，同时给小杰的爸爸打电话。

在等待爸爸的那段时间里，小杰害怕极了，他担心自己真的患上了新冠肺炎。二十分钟后，当爸爸推开医务室门的时候，小杰忍不住扑到爸爸怀里哭了起来。

爸爸抱起小杰安慰了一会儿，然后带他去医院做了核酸检测，检测结果显示呈阴性。原来是虚惊一场，小杰只是由于在体育课上出汗后着凉导致的发烧，并没有患新冠肺炎。

后来小杰回忆说，当时爸爸的拥抱让他获得了很大的安全感，产生了面对疾病的勇气。

这就是拥抱的力量。给孩子一个拥抱，可以让孩子感受到父母的力量、父母的爱，父母的爱和拥抱将会给孩子无比的信心。

诚然，我们多数人在成长过程中都有一个重要的照料者，被照料者和照料者之间紧密的情感联系被心理学家定义为依恋。当父母张开双臂拥抱孩子时，孩子在大人的臂弯里感受到了体温，这让亲子之间的依恋关系得到进一步加强，也给孩子带来了安全感，让他们感到自己无论做什么，都有父母作为坚强的后盾，于是，这样的孩子更有勇气，遇到挫折时也不会感到孤独。

另外，温暖的拥抱还能赋予孩子抵抗压力的力量。孩子从小到大要承受各种压力，上学时有考试压力，交友时有人际压力。而拥抱就是一种无言的力量，让孩子在身心放松的同时，也感受父母用肢体传递给他的力量。当孩子感受到压力时，这种潜藏在内心的力量就会推动他们尽快地释放压力，轻装上阵。

在不少家庭中，孩子的一天始于父母的唠叨指责："你怎么搞的，这么慢吞吞的？""你怎么只吃这么一点？""你到底是缺了哪根筋？丢三落四的！"

父母着急上班就不停地催促孩子也跟着忙碌，要孩子适应这个忙碌的节奏，而孩子对于这些情绪化十足的负面言语，只会感到不舒服，从而影响他一天的情绪。这样下去，久而久之，就会影响父母与子女间的关系。

那么，家长们不妨换种方式，效果会出乎你的意料。即使孩子做错了事，或是任性、发脾气，也不妨先给他一个拥抱，让孩子在你的拥抱中稳定下来，然后再说一些你想说的话："刚才你的书还在沙发上，装进书包里了吗？""我们一起抓紧时间，这样就不会迟到了。"这时，即使你再唠叨，孩子也乐意接受。美好而快乐的一天便由此开始了。

傍晚，经过一天的劳累，大家都回到了家里。进家门的时候给孩子一个拥抱，像朋友一样欢迎他，这可以博得孩子的信任。一天中有可能发生很多事情，也许孩子得到表扬了，会兴高采烈地跟你分享；也许孩子受到委屈了，那么即使你什么都没说，一个拥抱，孩子也能感受到爱和温暖，让孩子的委屈情绪一扫而空，不会影响孩子的心理健康。

夜深了，要睡觉了，这时，父母要认识到，此时给孩子一个拥抱，安抚孩子的情绪，可以让他有一个甜美的梦。

总之，拥抱这个再平常不过的动作，对孩子有着神奇的效果，可以消解孩子的不良情绪，给孩子安全感，帮孩子保持心理健康。在平时的生活中，家长要时刻提醒自己：爱孩子，就给孩子温暖的抱抱。

让孩子也懂如何爱人

一位儿童教育专家说："只知索取，不知付出；只知爱己，不知爱人，是当前很多孩子的通病。" 的确，这是十分值得警惕的现象。因此，父母在给予孩子无私的爱的同时，也应培养孩子爱人的能力。

富有爱心的孩子总是快乐的，他们与人为善，懂得同情和理解他人，关爱生命。这样的孩子，不但自己心理健康，还能给他人带来温暖和幸福。

有一位母亲为自己 10 岁的女儿大伤脑筋，她经常跟同事诉苦："女儿什么都好，就是有个很大的毛病——不会关心别人。奶奶生病时叫她帮忙倒杯水，她都不高兴，平时就更不用说了。在学校里也不会关心同学、老师，甚至在公共汽车上给病人让个座都不愿意。我们在家里上让老、下让小，在单位里也热心助人，可为什么我们的孩子如此不懂得关心别人呢？我们应该怎么教育她才好？"

可以说，很多家长都有这位母亲的烦恼，他们发现，孩子总是把心门关起来，从不允许别人靠近，也从不懂得为别人着想。

因为现在的孩子大都是独生子女，在家庭中，他们被祖父母、外祖父母、父母等人围绕着：好吃的尽让孩子吃，孩子提什么要求也尽可能满足，孩子听到的都是好听的。在一些孩子的内心世界里，从不知道“不”字的意思。在这样的“顺境”中，久而久之，有些孩子就变得狭隘、自私、冷淡，不会关心他人，见到好吃的，抓到手就吃，不关心别人能不能吃到；看到好玩的玩具，就任着性子要，不管父母能不能负担得起；听到不顺耳的话，就不耐烦，任性发脾气，不论别人如何看他，习惯以自我为中心，只知有“我”，不知有“他”。

孩子终归要长大成人，离开父母，走出家庭，进入社会，孩子面临的最重要的问题就是如何学会与别人相处，得到别人的支持和帮助。只有那些关爱别人、在别人遇到困难时主动支持别人的人，在自己遇到困难时，才会得到别人的关心、支持和帮助。

如果孩子不懂得如何爱别人，不会关心、支持和帮助别人，他们将来又如何能适应社会中的人际交往呢？孩子成人后在心理上狭隘、自私，社会适应能力和心理承受能力差，即使智力水平再高，也很难成为社会的有用之才。

那么，父母应该如何教育孩子从小关爱他人呢？

1. 言传身教，以身作则

在日常生活中，父母要互相关心，对长辈要体贴照料，对待亲友要嘘寒问暖；谁生病了，主动问候；谁有困难，主动帮助。父母对别人主动、热情的关心，孩子耳濡目染，自然会受到潜移默化的影响。

另外，父母要经常给孩子讲一些关心别人的故事和道理，使孩子逐渐认识到关爱别人是一种美德。

2. 要加强指导，积极鼓励

孩子的认知能力比较低，生活经验比较少，需要父母在认识上给予帮助，在行动上给予指导。

在日常生活中，如果孩子告诉父母自己做了什么关心别人、帮助别人的事情，父母应及时对孩子进行表扬和鼓励，以强化孩子的这种良好的思想和行为。

3. 鼓励孩子交往，让孩子学会谦让

在日常生活中，父母应有意为孩子创设与同伴交往的机会，鼓励孩子和其他孩子交朋友，这是让孩子学会关心他人的一个有效方式。

研究表明，5岁以下的孩子是非常需要友情、需要伙伴的，这样有利于培养孩子良好的性格和习惯。而很多性格内向的孩子，朋友很少，他们终日一个人学习、玩耍，时间久了，孩子的心里自然很少考虑到他人，孤独的环境促使了孩子以“自我为中心”心理的形成。

要想改善这种情况，父母除了要多陪孩子交谈、玩耍外，更重要的是鼓励孩子与同学、邻里发展友谊。在这些交往过程中，孩子就会体验到与朋友应怎样相处，逐步学会为他人着想、关心他人。

4. 利用移情作用，培养孩子的情趣，增加孩子的爱心

移情是人们将对某一事物或某一人的情感迁移到另一事物或另一人身上的心理现象。孩子总是认为，花鸟鱼虫等动植物和人一样，也有思想和感情。因此，他们常把动植物当作人一样看待，跟它交谈，对它爱抚。我们可以利用孩子的这种思想行为，鼓励指导他们种植花草，饲养小动物，培养他们对花草、动物的爱心。他们对动植物有了这种爱心，往往也会对人产生同情、怜爱、关心。所以，指导孩子种植与饲养，培养他们喜爱花鸟鱼虫，也是增加孩子爱心的方法之一。

5. 为孩子创造劳动的机会

开始时可以让孩子做一些简单的事情，比如，帮着父母扫地、拿碗、拿筷子等事情，他做得好就要表扬他，让他有成功的满足感，让孩子在劳动中懂得，帮助别人很开心。

总之，孩子的爱心是靠平时一点一点培养起来的。一个富有爱心的孩子，其内心通常都很阳光，心理健康状况往往都会比较好。所以，作为家长，在平时的生活中，要注意培养孩子的爱心，教孩子学会关心别人、照顾别人。

第三章

乐观开朗，是心理健康的重要标志

我们曾经为欢乐而斗争，我们将要为欢乐而死。因此，悲哀永远不要同我们的名字连在一起。

——伏契克

开朗的性格不仅可以使自己经常保持心情的愉快，而且可以感染你周围的人们，使他们也觉得人生充满了和谐与光明。

——罗兰

乐观开朗的孩子不易产生负面心理

同一片天空，乐观的雄鹰会说：“海阔凭鱼跃，天高任鸟飞。”悲观的雏鸟会说：“前方路漫漫，何处才是我向往的桃源呢？”

同样在面临人生的坎途时，乐观的人会勇往直前，相信“山重水复疑无路，柳暗花明又一村”。而悲观的人却总认为自己不行，从而轻言放弃。殊不知，连自己都信不过的人，成功又怎会垂青于他呢？

其实，人与人之间只有很小的差异，即心态的差异，但这种差异却会产生巨大的差别，即成功与失败的差别。也就是说，在孩子小的时候，如果能够培养他乐观的心态，那么他在以后的人生之路上，就能够用正面、积极的心理，面对困难，解决困难，最终获得成功。

以下是两位妈妈不同的做法：

明明的妈妈周末要去加班，于是，她非常不满地对明明的爸爸说："该死的，周末还要加班，这日子真没意思！"孩子听了，心里也替妈妈愤愤不平。

君君的妈妈周末也去加班，她把家里的事情交代清楚以后，对君君说："因为最近公司的事情多，妈妈要去公司加班，你在家里要乖乖听爸爸的话哦！"君君听了，懂事地点点头说："妈妈放心吧，我会听话的！"

比较以上两位妈妈的做法，我们可以看出第二位妈妈的说话方式比较能让孩子受到"乐观"情绪的影响，他不会觉得妈妈不想去加班，但不得不去加班；而是因为公司忙，离不开妈妈，妈妈是很能干的！这样，孩子今后做一些可能不是很乐意做的事情时，便不会表现得非常不快乐！

面对同一种情况，不同的孩子拥有不同的心态，从而产生不同的结果。悲观的孩子永远只会看到失望，而乐观的孩子则能看到希望。

6岁的吉吉已经上幼儿园大班了。一天，妈妈从幼儿园接吉吉回来时，就发现吉吉闷闷不乐。妈妈问道：

"吉吉，今天幼儿园有什么高兴的事呀？"

"今天一点都不好玩。"吉吉不高兴地回答。

"为什么呀？出了什么事吗？"妈妈问道。

“今天幼儿园来了一个新同学，他很会说话，老给同学讲搞笑的事情，同学们都不理我了！”原来，吉吉今天在幼儿园受到冷落了。

“那不是很有意思吗？以后，你每天都可以跟这样一个会说笑话的人玩了，你不高兴吗？”妈妈引导吉吉。

“可是，同学们都不理我了呀！”吉吉有些着急了。

“只要你和同学们一样与那位新同学一起玩，你们不是都可以玩得很开心吗？其他同学还是跟你一起玩的呀！是不是？”妈妈问道。

“嗯，好像是。”显然，吉吉同意了妈妈的看法。一路上，吉吉又恢复了往常的快乐。

乐观的孩子更有包容心，他们能以幽默的眼光看待不愉快的事情，能体谅他人的难处。与人相处，他们善于换位思考，所以会发现别人的优点，更能包容别人的缺点。他们不会因为他人曾经伤害了自己就耿耿于怀，跟自己过不去！

乐观的孩子有颗积极向上的心，他们对未来充满了自信和希望。他们能在困难中看到光明，在逆境中找到出路，尽快走出阴霾；而悲观的孩子往往看不到前路，总觉得生活很惨淡，人生没有希望，于是消极怠慢，“做一天和尚，撞一天钟”，面对生活、学业和事业都得过且过！

一位著名的政治家曾经说过：“要想征服世界，首先要征服自己的悲观。”在人生中，悲观的情绪笼罩着生命的各个阶段，在孩子成长的过程中更是不可避免。人生中悲观的情绪不可能没有，要紧的是击败它，征服它。

乐观是一种良好的心理素质。在当今这个竞争激烈的时代，人才辈出，要想比他人更杰出，除了必备的知识技能外，还要有乐观的心态，相信自己比别人优秀，才能在生活的舞台上尽情展现自己的风采。

爱迪生在一次次的失败后，乐观地对自己和助手说：“不要灰心，我们只不过又找到了一种不适合作电灯丝的材料。”

成功的人将乐观当作一种催化剂，督促自己去挑战自己，挑战对手，在挑战中愈挫愈勇，也越来越乐观。儿童心理学家马丁·塞利格曼认为，乐观不但是迷人的性格特征，还有更神奇的功能，它能使人对生活中的许多困难产生心理免疫力。

一个孩子能否健康、快乐、上进、成绩好，心智是一个很重要的因素，同时是否有良好的心态也很重要。对于大多数孩子来说，乐观的性格，决定孩子的人生成败。

生活中经常发现，有的孩子虽然只有五六岁，但神情很忧郁，怕生人，怕说话，怕做错事。在学校或幼儿园，热闹的地方找不到他的身影；在家里，很少与父母说话，喜欢缩在自己的小房间里。有的孩子缺乏自信，总以为自己各方面都不够优秀，别的孩子拥有的种种长处是自己所不具备的，以为生活中的一切快乐都是留给那些受老师、家长喜欢的孩子来享受的。这类孩子长大之后则有可能成为悲观主义者，甚至引发心理方面的疾病。相反，乐观的孩子活泼可爱，思维活跃，他们将来可能成为事业上的成功者，幸福家庭的缔造者。

乐观的孩子比较容易发挥自己的专长，他们能在生活中不断激励自己的热情，发掘自己的潜能；乐观的孩子，还能吸引和感染周围的人，使他人也变得开朗、乐观起来，从而争取他们的理解、支持与帮助。悲观的孩子，不仅仅让自己深陷于情绪的低谷中，忧郁不安，还会带给别人一种压抑的感觉，所以没有人喜欢与悲观的人共处，以免自己也过得压抑不堪。

乐观开朗对健康总有益。乐观的孩子能保持一种良好的心态，他们总认为自己是幸运的，即使遭遇挫折，他还是坚信自己有能力改变现状。因此，乐观是孩子应对人生中悲伤、不幸、失败、痛苦等的有力武器。这样的孩子，在心态与身体上都更健康。而悲观的孩子，容易滋生出消极的情绪和挫败感，这两种感情有害健康。

乐观还是成功的一大要诀。培养孩子的乐观精神就是在点燃孩子对未来、对成功的希望之火。乐观的孩子能从消极中找寻积极的一面，也因此让自己拥有一片更广阔的天空。

乐观是孩子拥有的最大魅力，它远比聪明、漂亮更重要。孩子能够拥有乐观的性格，快乐地生活是一种能力，而让孩子快乐地生活是家长的义务。否则即便培养出了优秀的博士，也难给孩子一个幸福的人生！

为什么有的孩子会悲观

在生活中，我们经常看到这么一些孩子，他们成天“愁眉紧锁”，一副“郁郁寡欢”的模样，似乎总活在“无尽的担忧”之中。让他们开朗不起来的，可能只是“今天某某不理我了”“今天考试考得不太好”“今天妈妈批评我了”等小事，但就是因为这么一点小事，孩子都要“悲伤”一整天。长期处于悲观的心态之下，很容易让孩子滋生心理问题。

小强是个自尊心很强的孩子，但在父母面前却有些抬不起头来。爸爸妈妈都是名牌大学的毕业生，他们对小强的学习要求标准很高，但小强的学习成绩在班里却总是处于中上等水平。为此，小强总觉得有一种悲观的情绪笼罩着自己，感觉无论自己如何努力，也达不到爸妈的要求。

渐渐地，小强产生了很严重的心理问题，一考试就紧张，一紧张就大脑一片空白，严重的时候，甚至会满头冒汗、身体不住地发抖。不得已，父母帮小强办理了休学手续，请了专门的心理医生，开始了漫长的心理治疗。

1．悲观情绪对孩子的影响

悲观的情绪不仅会影响孩子的心理健康，而且更容易导致孩子在学业上失败。

第一，悲观是一种消极不愉快的情绪体验，它的发生总是伴随着生理和心理的变化。长期的悲观情绪，一方面可使孩子的整个心理活动失去平衡，另一方面也会造成孩子生理机制的紊乱，扰乱神经系统的调节能力，影响神经系统、消化系统、内分泌系统的功能，降低人的免疫力，使他们产生身心反应性疾病，如神经官能症、胃溃疡、十二指肠溃疡等。更容易导致像高血压、心脏病等重大疾病。

第二，悲观的孩子在每个机会中都看到了危难。因为悲观，这些孩子很难看到生活中积极、光明的一面，所以变得郁郁寡欢。

第三，悲观的孩子意志消沉，没有坚定的信念。由于悲观，孩子做任何事情的时候都会先考虑到可能遇到的困难，总是想打退堂鼓，很难坚持做好一件事情。

第四，悲观的孩子总是怀疑自己的能力。悲观的孩子，总是不相信自己能够把事情做好，总是怀疑自己的能力，认为“我不行”。

其实，我们在生活中经常可以看到这样的情况：一个孩子即便能力平平，但是能够乐观自信，敢于表现自己，就能够为自己争取到很多机会。

比如评选班干部，这些乐观自信的孩子敢于参与竞选，而那些悲观的孩子，即使有相应的领导能力、组织能力，也认为自己不行，不敢参与竞选。最终的结果就是，那些乐观自信、敢于表现自己的孩子赢得了机会，并通过参与实践提升了能力，最终真的成为一名出色的领导者；而那些原本很有能力却比较悲观的孩子，只能错失机会，由于没有在实践中得到锻炼，导致能力得不到提升，最后真的成了一个很平庸的人。

总之，悲观的情绪不但会影响孩子的身体健康、心理健康，还会影响到孩子的整个人生发展。

2. 为什么有的孩子会悲观

乐乐名叫乐乐，可实际上，他并不“乐”。他总让自己沉湎在悲观的情绪中，一次测评没考好，就认为以后都不会考好；让他分析问题，他总会看到事情不好的一面。

在生活中，像乐乐这样的孩子并不少见。为什么这些孩子在遇到问题的时候，第一时间想到的总是事情糟糕的一面，总是得出否定的结论呢？

有些孩子是先天的遗传因素造成此类悲观的性格，而有些孩子则是在后天受到了家庭环境的影响，才会变得如此悲观。这里我们主要谈谈后天家庭环境对孩子的影响，主要包括以下几点。

第一，家长的情绪影响。

孩子的性格以及对待生活的态度，是在父母的影响下一点点地形成的。如果父母用悲观的态度对待生活，就会导致孩子形成悲观的性格和心理，那孩子肯定不会看到生活中光明的一面；如果父母总能在困境中看到希望，就会促进孩子乐观心理的产生，那再大的困难在乐观的孩子面前也会显得微不足道。

第二，家长总是挫伤孩子的自信心，让孩子看不到希望。

比如，有些孩子学习成绩不好，在文艺、体育等方面的表现也不突出，于是，家长就对孩子表现出“失望”的情绪来：“哎，你这榆木脑袋呀，再怎么努力也学不好！”悲观的心理暗示，会让孩子认为自己再怎么努力也没有用，索性不努力。反正自己比较笨嘛！这样的孩子，通常会产生悲观的心理，丧失进取心，降低成功的欲望，不愿为学业或事业付出努力。

第三，家庭不和睦给孩子的心灵蒙上了阴影，导致孩子忧郁、悲观、缺乏安全感。

有些家长的感情不和，动不动就吵架，这给孩子幼小的心灵蒙上了悲伤的阴影。他们得不到关爱，也感觉不到家庭的温暖，导致对什么事情都特别悲观。在这种家庭成长起来的孩子，很难有一个健康的心理。

第四，目标不合理。

心理学研究表明，当实际结果大于期望的目标时，就会产生积极的情绪体验；当结果与期望目标相等时，一般不会产生心理波动；当期望的目标过高，实际结果低于期望值时，便会感到失望，从而引发悲观情绪。所以，家长平时就要教育孩子，不要树立过高的目标。比如，孩子平时只能考 60 分的成绩，不要直接树立 100 分的目标。即使最终目标是 100 分，也要分阶段实行。比如，第一次考试将目标定为 70 分，第二次考试将目标定为 80 分，第三次考试将目标定为 90 分，到了第四次考试才将目标定为 100 分。这样，孩子执行起来没有太大压力，每次进步一点点，每次都会产生积极的情绪，不断积累乐观向上的心理体验，孩子学习起来会感觉更有动力。

悲观情绪对孩子的身体和心理都有许多负面影响，要想让孩子保持心理健康，愉快生活、愉快学习，家长一定要注意避免孩子悲观情绪的产生。

挖掘孩子的快乐源泉

每个孩子喜欢的东西都不一样，能够引发他们快乐的事物也不一样。有的孩子喜欢音乐，那么听音乐的过程中他们就会体会到快乐；有的孩子喜欢画画，那么画画的过程中他们就会体会到快乐；还有的孩子喜欢打篮球，那么打篮球的过程中他们也能够体会到快乐。

要想让孩子真正快乐起来，家长就要努力挖掘孩子的快乐源泉，了解哪些事物能够让孩子感到快乐。快乐的孩子，通常心理更健康；而不快乐的孩子，则很容易引发各种心理问题。

多多上小学三年级了，性格活泼好动，非常喜欢参与集体活动，喜欢和同龄的孩子一起玩耍。往年的暑假，爸爸妈妈需要上班，不能在家陪他，于是就会把他送到课外辅导班，在那里与大家一起学习。

但是 2021 年，由于疫情等因素的影响，当地的课外辅导班都关停了。多多的妈妈只好把他一个人留在家里，怕他无聊，还买了许多玩具、课外书，以及各种各样的零食。

原本以为这样也可以让多多过一个愉快的假期，没想到，才过了一天，多多就嚷着受不了。妈妈非常生气，说："给你买了这么多好吃的、好玩的，还不行吗？你还想怎样？"但是多多说："这些东西都不是我想要的，我不想一个人待在家里，即使给我买再多的东西，我也不高兴！"

这就是家长的认识与孩子的需求出现了偏差。孩子想要的是出去和朋友待在一起，而妈妈以为买足够的东西就可以让多多高兴起来。

作家亦舒曾经在书里写过这样一句话："甲之蜜糖，乙之砒霜。"意思是说，每个人喜欢的东西都不一样，甲所喜欢的，可能恰恰是乙所讨厌的。因此，家长必须考虑到孩子的真正喜好，才能让孩子真正高兴起来。假如父母仅从自己的角度出发，将自己认为很好的东西强行给予孩子，不但不能令孩子感到高兴，反而会给孩子增添许多压力。只有给孩子真正想要的东西，才能让孩子快乐起来。

比如上面故事中的多多妈妈，就应该考虑到，多多想要的是与伙伴待在一起，只有这样才能让他感到快乐。那么，就应该想办法为孩子创造一个能够与伙伴交往的环境。如果亲戚、朋友家有年龄相近的孩子，可以组织他们在一起过暑假；同时由一个或多个长辈——孩子的爷爷奶奶等负责照看孩子们，如果没有这样的合适人选，也可以由几家的家长共同出资请一位家政阿姨来照看。

只要家长多花心思，就一定能够找到让孩子快乐的方法。那么，家长应该如何了解孩子的真正喜好，挖掘孩子快乐的源泉呢？

1. 平时多与孩子交流沟通

很多父母的工作都比较忙，平时没有太多时间与孩子交流沟通，总以为多赚一点钱，给孩子更好的物质生活，孩子就会快乐。事实上，真正能够让孩子感到快乐的事情，很多都与金钱、物质无关。

比如，有的孩子喜欢唱歌，想参加学校的合唱团，但是家长说："有那时间不如用来学习数语外，你喜欢唱歌的话，我抽空带你去听歌星的演唱会。"表面上看，父母为了孩子的爱好不惜花高价购买演唱会门票，好像给予了孩子很多；但事实上，孩子只是想站在台上自己唱歌，而不是在台下听别人唱歌。父母这样做，是不会让孩子快乐的。

所以，在平时的生活中，家长要注意多与孩子沟通，了解孩子真正想要的是什么。给孩子真正想要的东西，才能让孩子获得快乐。

2. 不强迫孩子做他不愿意做的事情

很多家长出于“为孩子好”的目的，让孩子做一些他们不想做的事情。比如，有的家长为了孩子将来能有一项拿得出手的才艺，逼着孩子去学小提琴，学芭蕾舞，也不管孩子喜不喜欢，只口口声声说着：“爸爸妈妈都是为了你好。”这就好像那句网络名言：“我不要你觉得，我要我觉得。”

家长从自己的角度出发，以爱之名，让孩子做他不喜欢做的事情，这样并不会给孩子带来真正的快乐，而且孩子不情不愿地去做一件事情，效果也未必会好。

所以，家长在要求孩子做一件事的时候，一定要确保孩子是喜欢做这件事的。

比如，孩子喜欢画画，家长非要孩子去学弹钢琴，即使孩子勉强坐在钢琴前面，也只是应付式地完成一节课的学习，课后一定不愿意主动练琴。但是，如果家长让他去学自己喜欢的画画，那么课堂上孩子一定会认真听讲，课后也会自己主动练习。因为画画这件事是孩子喜欢的，画画的过程会让他感到愉悦，所以他会利用自己的休息时间去画画，不仅仅为了绘画技能的提升，更是为了获得画画的快乐。

3. 引导孩子摒弃不良爱好，培养有益爱好

虽然说家长要根据孩子的兴趣爱好，有针对性地培养孩子；但并不是说要满足孩子的一切愿望，想要什么就给什么，想玩什么就让他玩什么。

如果孩子的爱好是对生活和学习没有益处的，那么家长就要引导孩子摒弃不良爱好，培养起有益身心发展的爱好。

4. 让学习变成一件有趣的事

网上流传一句话：“不写作业母慈子孝，一写作业鸡飞狗跳。”说的就是一些孩子不爱学习，不爱写作业，气得家长捶胸顿足。

不爱学习是很多孩子的“通病”，面对这种情况，家长不能过度打骂，那样只会引起孩子的逆反心理。家长要学会正确引导，让孩子真正认识到学习的重要性，并能够通过学习获得乐趣，让学习变成一件有意思的事。

有的孩子语文成绩很差，背不下古诗词，家长就可以在适当的时候，通过游戏的形式帮孩子提升学习古诗词的兴趣。比如在中秋节的时候，家长可以与孩子玩对诗游戏，大家轮流说有关月亮的古诗，爸爸说一句，妈妈说一句，孩子说一句，谁接不上就算输。

有的孩子物理成绩差，搞不懂物理学的种种原理，家长就可以在适当的时候，通过生活中的小事将物理知识讲给孩子听。比如坐车的时候，可以给孩子讲解，为什么急刹车的时候乘客的身体会向前倾，由此引出物理学中的惯性定律。

有的孩子化学成绩很差，家长就可以在家里给孩子做实验，比如，先倒一点醋在碗里，让孩子常常酸味；再倒一点食用碱在另一个碗里，也让孩子尝尝碱的味道；最后将醋和碱倒入同一个碗里，再让孩子尝尝味道。这时孩子会发现，醋和碱混合在一起后，竟然没有任何味道了。由此，家长就可以给孩子讲解酸碱中和的原理。

总之，家长可以通过很多方法，让孩子体会到学习的乐趣，将学习变成一件令孩子感到愉快的事情。

在平时的生活中，只要多注意挖掘孩子的快乐源泉，让孩子在积极有益的活动中不断体会快乐，不但能够逐渐建立起乐观向上的心态，还能保持积极健康的心理，对孩子的成长大有裨益。

培养孩子乐观的心态

在一次奥斯卡的颁奖典礼上，一位刚刚获奖的女演员准备上台领奖，也许是因为太兴奋、太激动了，被自己的长裙绊住了脚，摔倒在舞台边上，此时全场静默，因为还从来没有人在这样全球直播的盛大的晚会上跌倒过。

然而，出人意料的是，这位女演员非但没有惊慌失措，还迅速地起身，从容地走到了舞台中间。在从主持人手中接过话筒发布获奖感言时，她真挚而感慨地说："为了走到这个位置，实现我的梦想，我这一路走得艰辛坎坷，甚至有时跌跌撞撞。但是每一次我都是这样，跌倒了，勇敢地站起来，继续向前迈步。"机智、真诚的话语使她成为那个晚上最耀眼的明星。

这位女演员之所以能在当众摔倒以后依然如此乐观、幽默地解析"摔倒"与挫折的含义，不仅仅是因为她机敏过人，更因为她有颗乐观、积极的心！这种乐观的心态让她能够始终保持清醒的头脑、积极的思维，在最短的时间找到最佳的解决办法，并在最短的时间内就采取行动，化解危难，走出窘境！

如果我们能从小有意识地培养孩子积极、乐观的心态，让孩子做到坦然地面对自己每一次“跌倒”的经历，何愁我们的孩子没有一双强劲的翅膀，在人生的天空中自由翱翔。

那么，如何培养孩子的乐观心态呢？以下几个方面可为各位家长提供参考。

1. 有乐观的家长才会有乐观的孩子

要培养孩子乐观的心理，父母首先必须有乐观的思维方式。父母在处理自身问题和家庭问题时的乐观态度，对孩子具有重要的示范作用。

安徒生童话中有一篇著名的故事《老头子总是不会错》，讲述了乡村里有一对贫寒的老年夫妇，有一天，他们想把家中唯一值点钱的马拉到市场上去换点钱或者其他更有用的东西。

经过一天的交易，傍晚，老爷爷回到家，向老奶奶讲述自己一天的经历。

第一次交换，他用马换了一头奶牛。老奶奶听到这里，高兴地说：“太好了，这样我们以后就有牛奶喝了！”

但是老爷爷说，后来他用奶牛换了一只小羊。老奶奶又高兴地说："太好了，以后我们就可以剪羊毛，织羊毛袜子穿，冬天再也不会冻脚了！"

老爷爷又说，后来他又用小羊换了一只鹅。老奶奶再一次高兴地说："太好了，以后在炎热的夏季，我们可以每天坐在池塘边，一边乘凉一边看它游泳，该是多么惬意呀！"

老爷爷又说，后来他又用鹅换了一只鸡。老奶奶还是高兴地说："这样以后我们每天都会有鸡蛋吃啦！"

老爷爷又说，最后他用鸡换了一袋子苹果。老奶奶依然高兴地说："太好了，正好可以用来做一盘苹果派，我早就想吃啦！"

老爷爷每次都用贵的东西去交换了便宜的东西，每次都在吃亏，但是老奶奶非但没有责怪他，反而用乐观的心态一次次包容老爷爷，每次都能往积极的方面去想。

如果家长也能在生活中做到如此乐观，孩子耳濡目染，也会习惯用积极的心态考虑问题，逐渐培养出乐观向上的健康心理。

2. 让孩子自己争取想要的东西

家长们经常容易犯的一个错误就是搞"一言堂"。家长下达的指令，孩子必须执行；孩子提出的意见，家长觉得不合理的就一票否决，根本不给孩子申述的机会。这样很容易导致孩子产生悲观消极的心理，认为反正什么都由父母说了算，自己多说无益，长此以往，就容易导致孩子丧失进取心。

作为家长，正确的做法是，当孩子提出某些要求或表达某些愿望的时候，家长应该让孩子阐述自己的理由，如果觉得理由不充分，可以提出质疑，然后再允许孩子反驳申辩，直到双方意见达成一致。

在这种交流中，不可能每次都是家长胜出，孩子总有一些意见是有道理的。当孩子有理有据地说服家长，达成自己的心愿，就会让他产生乐观的情绪，认为自己可以办到一些事情，对自己的能力产生认可。这样，以后再遇到任何问题的时候，孩子都会全力以赴去做，而不会在一开始就觉得“我不行”，更不会信奉“努力无用论”。通过这种方式，可以培养孩子积极健康的心理。

3. 鼓励孩子多交朋友

俗话说：“朋友多了路好走。”我们在生活中经常可以看到这样一种现象：朋友越多，悲伤越少。

对于成年人来讲，如果有很多朋友，遇到自己解决不了的问题时，可以请朋友帮忙解决——朋友甲解决不了的事情，或许朋友乙、朋友丙、朋友丁可以解决。有了朋友们的帮助，就能让生活或事业上的很多路都走得更顺畅一些。如果有很多朋友，遇到悲伤难过的事情，比如失恋，可以约上几个朋友聊聊心事，甚至一起大醉一场，第二天醒来难过的情绪就能消解掉大半。

对于孩子来讲也一样，遇到搞不懂的知识，可以请学习好的朋友帮忙讲解；被老师批评了不开心，可以找朋友开解一下，缓解不好的情绪。

所以，朋友多的孩子，不开心的事情就会比较少；即使发生了不开心的事情，也能很快将坏情绪抛在一边。这样的孩子，比较容易产生乐观的心理、健康的心理。

在生活中，家长要多注意培养孩子的乐观心理，让孩子在积极心态的指引下，健康快乐地成长。

第四章

被尊重的孩子，心理才会健康

人受到震动有种种不同：有的是在脊椎骨上；有的是在神经上；有的是在道德感受上；而最强烈的、最持久的则是在个人尊严上。

——约翰·高尔斯华绥

一种天性的粗暴，使得一个人对别人没有礼貌，因而不知道尊重他人的倾向、气性或地位。这是一个村鄙野夫的真实标志，他毫不注意什么事情可以使得相处的人温和，使他尊敬他人，和他人合得来。

——洛克

孩子心理健康，需要民主和谐的家庭氛围

民主和谐的家庭气氛是现代文明家庭的重要标志。然而，有的孩子在描述自己的家庭时，都流露出了厌恶："家，那简直就一座牢狱，我甚至不想在那里多待上一会儿。"

诚然，在很多家庭里，孩子的事都是父母说了算，孩子的意见不被父母尊重，从小就失去了自主权，很多孩子有被父母压制的感觉。这使得孩子稍大以后，就开始对父母的管制进行反抗，向父母索要尊重、索要民主。

在一次家长会上，一个上初中的男孩说，"父母确实对我很好，关心我的衣食住行，但是他们并没有把我看成独立的个体，父母永远只凭自己的直觉和自己的需要对我的行为作出判断，因为他们永远只是把我当成他们拥有的一件'物品'。"

事实上，这是不少家庭的常态。

但是，也有一些父母，能够尊重孩子，为孩子创造一个和谐民主的家庭氛围。

晓秋从会说话的那天起，就喜欢问“为什么”，晓秋不停地问，爸爸妈妈不停地答，不停地学习，与晓秋一起探究世间的奥妙。这种民主的家庭气氛，给晓秋一片思索的天地。晓秋上学后，也喜欢问老师问题。总之，无论在哪里，她都愿意表露其“真我”的一面。

一次，晓秋从学校回来，进门就对正在看报纸的爸爸滔滔不绝地讲起自己的成绩。原来她在中考前的模拟考试中发挥得很好，数学单科还取得了全年级第一名的好成绩。爸爸拍了拍晓秋的肩膀说：“好样的，不愧为我的女儿。”

晓秋非常激动，接着又说了班里的情况，还说了其他同学的成绩。看着女儿兴奋的样子，爸爸实在不愿意打断她，心想让她高兴也好，毕竟入学以来她第一次取得这么好的成绩，于是认真听女儿激动地讲述，分享女儿快乐的心情。第二天，爸爸才提醒女儿不要太得意，因为马上就要中考了。

晓秋的爸爸不愧是个开明的家长，他在对待孩子的教育问题上，总是“放开手”，从而创建了一个民主和谐的家庭气氛，对晓秋的健康成长真是大有益处。

我们在追求社会民主的同时，不能忽视家庭民主的重要性，更不能忽视家庭民主在家庭教育中的作用。一个家庭的民主氛围表现在尊重孩子的个性发展，尊重孩子的发言权、参与权，不把孩子当作私有财产，而是把孩子当作一个有独立人格的个体来尊重。对孩子要事事用商量的口气，并且给他们自己做主的权利，父母的任务只是给予指导，而不是替孩子做决定。 在民主平等的家庭氛围中，父母和孩子之间才能相互信任、相互理解、相互尊重。要知道，千百万个民主家庭才能汇聚成一个民主平等的社会。

父母要创建民主和谐的家庭氛围，应从以下几方面做起。

1. 不要滥施家长权威

父母不要老是禁止孩子做这做那，不能要求孩子无条件服从，而是要鼓励孩子去做有益的事情。

2. 父母要信任自己的孩子

父母不要胡乱猜测，武断地下结论。如果孩子的同伴告诉你，你的孩子打了人，或是拿了别人的东西，你不要直接训斥或者打骂孩子，而要耐心听孩子讲出事情的前因后果，了解清楚到底是不是自己孩子的错误。否则，如果错怪了孩子，孩子会因为感到委屈，慢慢地和父母疏远，变得不信任父母，不愿和父母说真话。如果听孩子讲完以后，认为孩子确实做了错事，父母再对孩子进行认真教育也不迟。

3. 父母要尊重孩子的人格

父母切莫粗暴地伤害孩子的自尊心。有时孩子在同伴面前说说大话，不要一概斥为撒谎、不诚实。由于孩子年龄小，容易把幻想当现实，父母要帮助孩子分清是非。有时孩子想要修理坏了的玩具，结果没成功，父母不能采用讥笑的态度："你不是有本事吗？……瞧你有多笨！"更不能在生人面前让孩子下不了台。如果家长总是伤害孩子自尊心，久而久之，孩子就会变成一个不求上进、自暴自弃的人。

4. 明确告诉孩子拥有的权利和义务

孩子作为一个独立的个体，作为家庭的一员，应该拥有自己的权利，同时，也必须承担一定的义务。因此，父母就应明确地告诉他，他拥有哪些权利，以及必须承担哪些义务。

5. 父母要多和孩子接触

即使父母再忙，每天也要抽出一定的时间和孩子相处，比如，晚饭后和孩子一起散步，周末带孩子一起外出游玩，也可以和孩子一起画画、讲故事、做游戏等。这样能够让家庭气氛变得愉快起来。

6. 父母不要在孩子面前互相攻击

要想为孩子营造一个民主和谐的家庭氛围，保护孩子的心理健康，父母最好不要在孩子面前发生争吵。如果父母双方真的产生矛盾，也要心平气和地沟通，各自阐述自己的道理，对事不对人。

但是有些父母由于感情不和或者其他原因，经常发生争吵，即使当着孩子的面也不肯"熄火"。孩子身处这样"战火纷飞"的家庭环境下，很容易产生恐惧、不安等情绪，阻碍心理的健康发展。

总而言之，为了保护孩子的心理健康，家长有必要为孩子创造一个民主和谐的家庭氛围，让孩子在温馨的家庭环境中快乐生活，健康成长。

不做越位父母，给孩子自主成长空间

每个人都有属于自己的一块“自留地”，孩子也不例外。可是，很多父母并没有意识到这一点，他们总是贸然侵犯孩子的领地，一味地要求孩子按照自己的意愿行事。如此教育方式，对孩子非但没有帮助，还可能引起孩子的逆反心理，更有甚者，孩子可能因为父母的“霸道”而迷失了自我，影响心理健康。

鸣鸣今年 15 岁。从上小学的第一天起，母亲就把关注的目光倾注到他的身上，全身心地培养孩子，希望他学习成绩优秀，将来拥有好的前程。一直到升入中学之前，这位母亲都坚持每天给孩子布置作业，检查预习情况，制订复习计划……从未间断过。在小学期间，孩子的学习成绩虽不是特别优秀，但还是令母亲满意的。

升入中学之后，母亲想逐步放开手脚，让孩子“慢慢适应中学生活，养成良好习惯”。可是，这位母亲发现：在没有父母监督的情况下，孩子根本就无法进入学习状态。新课不知预习，旧课不知复习，作业不能主动完成，就连坚持记载了六年之久的“错题本”也不见踪影了。一句话，孩子的学习显得十分被动，跟不上正常学习的节奏，成绩一落千丈。这位母亲十分痛苦：已经是中学生了，为什么还不懂事？为什么还不知道独立学习？这样的孩子，要让人操心到什么时候啊！

在这个故事中，我们不难发现：在这个家庭里，母亲老是越位，把本该孩子做的事情，全部包揽了，孩子只是一台机械的、被动学习的机器。由于母亲的“越位”，孩子自动“脱位”，找不到学习的激情和乐趣了，尽管他在小学时期的学习成绩还能令母亲感到满意，但那只是外部作用力的结果。一旦外部作用力消失，孩子就会孤立无援，无所适从了。

透过案例，我们也可以看到这个孩子身上的惰性比较强，自制力、主动性和毅力都比较差。试想，在温室里精心培育的花朵，怎么能适应多变的自然气候呢？在母亲翅膀下长大的孩子，又怎能突然适应没有保护的生活呢？

父母替孩子做得越多，孩子就越容易懒惰。学习是需要孩子自觉参与的创造性活动，没有孩子的主动参与，别人再怎么着急，也只能干瞪眼。孩子自主意识的觉醒，才是我们所希望的。

父母在家庭教育中的越位现象，除了担心孩子吃亏受苦，凡事替孩子包办外，还表现为对孩子的期望值过高，片面关注孩子的分数而忽视孩子的兴趣、特长。

彩霞曾就读于某重点中学，她性格开朗活泼，在生活中爱跳爱闹，是个典型的“假小子”。她除了学习成绩不尽如人意外，其他方面都表现出色：她的钢琴弹得很好，已经达到6级水平；她的芭蕾舞也跳得很好；她的画画得好，她画的卡通动物形象惟妙惟肖；她的歌也唱得很好，是全校有名的“小歌星”。但是，多才多艺的她却在全市会考成绩公布之后离家出走了。这让所有认识她的人都十分震惊，这怎么可能呢？

后来，经过多方努力，好不容易将她找回家，这才问出了缘由：原来，她的父母对她要求很高，她也一直在按父母的高标准来要求自己，很在意自己的短处，而她的短处就是众人瞩目的考试。彩霞会考有两门功课不及格，这样的成绩有可能导致她留级，她觉得太丢人，无颜面对父母。于是，她选择了离家出走。幸亏被警察叔叔及时找到，否则后果不堪设想。

在现实生活中，许多父母片面地关注孩子的分数而忽视孩子的兴趣，这种做法是很危险的，是完全违背教育的目的和做父母的责任的。父母期望孩子早日成才，期望孩子出类拔萃，这种心情本是可以理解的，但千万不要在教育孩子的过程中，怀着不切合实际的过高期望而走向极端。父母总是以成人的心态和眼光看待孩子的内心世界和能力，对孩子的能力发展、情绪状态、心智方面等作出过高的评价，提出过高的要求，不切实际地急于求成。父母的这种心态和做法促使孩子脆弱的心理进入了一种怕失败的高压状态，导致他们精神上、心理上陡增紧张和焦虑情绪。

要知道，父母可以替孩子设计一时之路，但无法替孩子设计一生。孩子的路，需要他自己选择；孩子的未来，需要他自己把握。父母关心孩子，需要把握好爱的尺度，不要越位；需要尊重孩子，给孩子成长的空间，让孩子在自然的阳光下快乐长大。一个只知道学习的“高分孩子”的一生会快乐吗？其实未必！所以，父母不要把注意力老是集中在孩子的学习成绩上，否则，只能累坏父母、累坏孩子。

总之，作为合格的父母，应给予孩子的最美好的东西是教会他们生存、生活以及创造的能力，而不是越位，不是包办代替。只有这样才能培养出心理健康、行为上进的优秀孩子。

孩子虽小，也需要被尊重

在玩具专柜、甜品店、游乐场里经常会看见号啕大哭的孩子，还有一旁叉腰怒目的父母，他们一边呵斥还一边指着周围对孩子凶道："你看看，这么多人看着你哭，你好意思吗？""你看那边有一个和你一样大的小孩，人家都不哭不闹，多听妈妈的话，你看看你们差距有多大！"

中国有一句古话："当面教子，背后劝夫。"意思是教育孩子要当着别人的面，而规劝丈夫要趁没有外人的时候。所以很多父母据此学会了在大庭广众之下训斥孩子，出发点是好的，希望孩子能改正错误；但是这样的教育方式往往收效甚微。

父母要意识到，无论对孩子的表扬还是批评，都是一种情感互动。父母的教育手段太强硬，往往会导致孩子逆反心理；父母的语言太粗暴，往往会导致孩子性情狂躁。父母表扬孩子可以当众进行，甚至可以隆重地进行，但是批评就需要谨慎，不妨用私下的、温和一些的方式。在教育孩子的过程中，一定要尊重孩子的人格尊严，保护孩子的心灵，做不到这一点，教育意义就很难发挥。

英国哲学家洛克说过：“父母不宣扬孩子的过错，则孩子对自己的名誉就愈看重。他们觉得自己是有名誉的人，因而更会小心地维护别人对自己的好评。若是当众宣布他们的过失，使其无地自容，他们愈是觉得自己的名誉已经受到了打击，设法维护别人好评的心理也就愈淡薄。”

可见，当着别人的面批评、训斥孩子的做法不可取。然而，在现实生活中，我们总能看到这样的情景：当别人夸自己的孩子时，父母可能会谦虚地说：“哪里，这孩子一点都不勤奋，老让人操心。”殊不知，正是这种“谦虚的美德”，在无形中伤害了孩子。

一次，有位年轻妈妈对邻居说：“啊！你家小弟弟真可爱，真乖，不像我们家琪琪吵吵闹闹，只会淘气，让人心烦。”在一旁的琪琪瞪大了眼睛怯生生地说：“妈妈，我乖。”不料妈妈却大声说：“乖什么乖，就知道淘气烦人，一边去！”

过了几天，人们发现琪琪变了，天真活泼的琪琪看到妈妈回来，躲在椅子后面不敢往前去。妈妈说：“琪琪过来，亲亲妈妈！”琪琪小心翼翼地亲亲妈妈后，竟然冒出一句：“妈妈，我乖，你别心烦。”这让在场的所有人都大吃一惊。

不要认为孩子不会在意父母“揭短”，就任意当着别人的面说自己孩子的不足。殊不知，这会严重伤害孩子的自尊心，给孩子的心理留下阴影。

故事中年轻妈妈的心情是可以理解的，但是做法却不太明智。父母要知道，教育孩子的最终目的是让孩子认识错误并改正错误，如果在教育的过程中，不仅没达到目的，反而让孩子无地自容，自尊受到伤害，那是得不偿失的事情。

所以，父母在教育孩子的过程中，需要做到以下几点。

1．以平常心看待孩子的缺点

每个人身上都有缺点，孩子自然少不了缺点。如果父母过分在意孩子的缺点，那么孩子的一丁点毛病都会被父母视为大问题，这样父母看到孩子的缺点就会忍不住去指责；反之，如果父母用平常心看待孩子的缺点，就更容易抱着理解的心态去帮助孩子改正缺点，而不至于对着孩子暴跳如雷。

2．私下指出孩子的缺点

发现孩子的毛病或缺点，父母不指出来是不负责任的，但是要注意场合。如果有其他人在场，即使孩子的缺点再明显，也不可大张旗鼓地指出来。父母可以给孩子一个善意的暗示，然后回家和孩子好好说。这样做给孩子的感觉就是：父母照顾了我的感受。那么孩子就容易虚心地改正错误。

3．指出孩子的缺点时要语气平和

有些父母发现孩子的缺点后，就容易生气，然后批评、责骂孩子，希望孩子改正缺点。但是结果使孩子的自尊心严重受到伤害，孩子会因为自己的缺点而感到羞耻和自卑。

例如，有个孩子由于经常玩手机，患上了近视，东西要放到离眼睛很近的位置才能看得清。爸爸见了又气又急，经常骂道："好像瞎了一样，什么东西都要拿到鼻子底下去闻！"孩子视力不好，他本来已经很痛苦了，结果爸爸还经常当着别人的面这样说他，孩子心中更是痛苦和自卑，因而常一个人躲在外面痛哭。这样当然对孩子身心的发展有着很大的坏处。

但是，如果家长换一种方式，温和地给孩子讲解长时间玩手机对眼睛的伤害，提醒孩子保持良好的用眼习惯，保护好视力，那么孩子一定能容易接受，以后也会注意正确用眼，避免视力进一步恶化。而且，通过这种方式，不会让孩子觉得心理受到了伤害。

所以说，父母指出孩子的缺点时，语气一定要平和，不要粗暴；要用关爱的语言，不要用讥讽的语言。

4. 感谢别人对孩子的赞赏

很多父母喜欢夸别人家的孩子，特别是当众的时候，夸奖对方的孩子也是获得对方好感的重要手段。

当你的孩子被人夸赞时，不管家长是否认同，都不要"谦虚"地否认，更没必要连带孩子的缺点全部说出来；如果家长认同，那么就附和对方的赞赏，再夸奖孩子几句，这会让孩子非常高兴。

比如，别人当着你的面说："你们家的孩子真灵巧，做事利索得很！"家长可以说："谢谢您的夸奖，我家孩子确实挺灵巧的。"孩子听了这些话，一定会很高兴。而且，被表扬以后，他会比以往表现得更好。

其实，孩子比大人更爱面子。父母在教育孩子的时候，一定要照顾到孩子的自尊心，尊重孩子。家长的尊重，可以增强孩子的自尊心，让孩子意识到自己是一个"体面"的人，进而在很多时候克制住想调皮捣蛋的欲望，逐渐成为一个真正令父母感到骄傲的好孩子。

同样，从小就被父母尊重的孩子，往往更容易形成健全的人格和健康的心理，这对孩子的整个人生都大有裨益。

优秀的父母，懂得尊重孩子隐私

每个人都有隐私，成年人之间交往，往往会比较注意不侵犯别人的隐私，比如，未经允许不看他人的信件、日记，不偷听别人的谈话，不打探别人的家事，等等。但是，面对自己的孩子，父母们却总忽略这一点。

孩子渴望被尊重、被承认，所以很多孩子也会在自己房间的门上留下这类话语：“请勿打扰，有事请先敲三下，允许，方可进入。”

孩子之所以要求父母“请勿打扰”，根本原因在于父母无视孩子的尊严，不尊重孩子的隐私。

隐私是每个人藏在心里、不愿意告诉他人的事情。人人都有自己的隐私，孩子也不例外。随着孩子年龄的成长，他们的生活领域、知识、情感都逐渐丰富起来，孩子的自我意识、自尊意识不断增强，原先无所顾忌敞开的心扉也渐渐关闭起来。

然而，很多父母没有意识到孩子正在长大，忽略了孩子也会有自己的隐私，总认为自己是孩子的父母，可以尽情进入孩子的世界、随意侵犯孩子的隐私。

父母侵犯孩子隐私，带给孩子的危害是十分巨大的。一是削弱孩子与父母之间的亲密关系，使孩子与父母产生隔阂，产生防备的心理；二是会伤害孩子的自尊心，让孩子觉得父母并不尊重自己。

尊重孩子的隐私权，保护孩子的自尊心，意义非同小可。陶行知先生说："我们应该承认儿童的人权，我们解除儿童痛苦，增进儿童福利，首先要尊重儿童的人权。"

那么，在平时的生活中，家长究竟应该如何做到尊重孩子的隐私呢？

1. 进孩子的房间先敲门

很多父母进孩子的房间都没有敲门的习惯，更有甚者不允许孩子关上自己的房间门，一看到孩子关房间门，就会语带挖苦地问道："你有什么事见不得人吗？"

这些家长没有意识到，孩子已经逐渐长大，开始产生了隐私意识。

强强已经14岁了，但妈妈还是总把他当作小孩子，每天连袜子、内裤都要帮他洗。强强几次跟妈妈提出不要帮他清洗贴身物品，但妈妈只说："你要把时间用在学习上，不要管这些小事。”根本没有意识到自己这样做会让儿子感觉不自在。

一个周末的早晨，强强正在换衣服，打扫卫生的妈妈突然推开门，强强赶紧背过身去，羞得满脸通红，大声嚷着让妈妈出去。

妈妈这才意识到，儿子已经长大了，有了隐私意识。从此以后，妈妈进强强的房间，都会先敲敲门，得到允许后再进入。

在生活中，家长们应该学着适应进孩子房间前先敲门，尊重孩子的隐私。

2. 未经孩子允许，不翻动孩子的物品

有一些家长，经常会在孩子上学离开家以后，帮孩子打扫房间，整理书桌和床铺；在孩子放学回家以后，帮孩子洗衣服、整理书包等。于是，总会在枕头下和书桌里发现漫画书，在衣服口袋和和书包中发现上课与同学悄悄传的小纸条。这些新发现也往往成为家长批评孩子的导火索，一场家庭战争就这样爆发。

家长认为孩子不专心学习，于是愈发想要对孩子加强监管；孩子认为家长侵犯自己的隐私，于是对家长心生不满，彼此陷入互相伤害的境地。

孩子在成长过程中，都会逐渐产生一些不想与父母分享的小秘密。家长要用平常心看待孩子的这种成长和变化，不要事事干预，要给孩子一定的成长空间，不私自翻动孩子的物品。这既是对孩子的尊重，也是对自己的尊重。

3. 不私自登录孩子的社交账号

现在的孩子，大都有了自己的网络社交账号，比如微信、QQ、微博等。孩子在这些社交平台上，可能会与朋友聊一些生活学习的话题，关注一些自己感兴趣的人物，针对一些热点事件发表自己的见解，这些往往是孩子不希望让父母知道的。

如果父母强行登录孩子的社交账号，查看孩子的上网行为，会让孩子感觉到隐私被侵犯，进而产生羞愤的心理，甚至会加重青春期叛逆，影响孩子的生活和学业。

作为家长，不要对孩子的网络社交行为严加看管，要尊重孩子的隐私，给孩子一个可以放松心理的空间。

随着孩子的不断长大，家长需要意识到，孩子已经渐渐产生独立的人格，有了保护自我隐私的意识。作为父母，要尊重孩子的隐私，维护孩子的隐私，做孩子的保护者，而非监管者。

第五章

帮孩子告别虚荣心，正确认识自我

你要克服的是你的虚荣心，是你的炫耀欲，你要对付的是你的时刻想要冲出来想要出风头的小聪明。

——毛姆

虚伪的人为智者所轻蔑，愚者所叹服，阿谀者所崇拜，而为自己的虚荣所奴役。

——培根

虚荣是孩子心上的一颗毒瘤

每个人都有自尊心，但是如果自尊心发生扭曲，就会产生虚荣心。虚荣心是自尊心的过分表现，是人们为了取得荣誉和引起普遍的注意而表现出来的社会情感和心理状态。虚荣心表现在行为上，主要是盲目攀比，好大喜功，过分看重别人的评价，自我表现欲太强，有强烈的嫉妒心，等等。

菲菲是个漂亮的小女生，圆圆的大眼睛，笑起来还有一对可爱的小酒窝，可讨人喜欢了。叔叔阿姨们看到菲菲，都不禁想捏一捏她粉嫩嫩的脸蛋。慢慢地，菲菲越来越喜欢听别人的赞美了。只要听到其他孩子受到表扬，菲菲就很不高兴！她觉得只有她一个人才配得到别人的表扬。

在学校里，菲菲总喜欢出风头，抢着发言，抢着做好事。只要老师笑眯眯地摸着她的小脑袋，夸奖她真乖，菲菲就高兴得什么都忘记了！除此以外，菲菲还喜欢穿漂亮的新衣服，衣服稍微旧一点，她就觉得穿出去不漂亮，很丢脸……

像菲菲这样的行为方式就是虚荣的一种表现。事实上，每个人都或多或少地有点儿虚荣心，这是正常的，因为大多数人都渴望自己被人尊重，被人敬仰，都希望自己能做得更好，更理想。恰到好处的虚荣心能够激发一个孩子的潜能，使其得到更好的发展，但是，如果虚荣心太重，就可能影响到心理健康，影响正常的学习和生活。聪明、好强的娜娜就深受其害……

年仅8岁的娜娜，虽然刚上小学二年级，可已经先后三次夺得学校的口语故事冠军。老师们常常夸她是个聪明的孩子，父母更是以她为荣。但最近娜娜却一蹶不振，先是在学校的低年级作文比赛中没有取得名次，后来又在一次期末考试中跌出三甲之外。尽管爸爸妈妈安慰她“胜败乃兵家常事”，但娜娜依然难以接受如此“残酷”的事实。她开始怀疑自己的能力，甚至拒绝参加以后学校举办的各种比赛……

老师问其原因，娜娜的回答是，觉得很丢脸，很没面子，怕比赛再次失败被同学嘲笑，让老师和家长失望。

每个孩子都有自尊的需要，都希望自己能在群体中得到别人的尊重和赞赏。8岁的娜娜也不例外，但因为她的自尊心过强，过于好胜、虚荣，导致其很难从失败的阴影中摆脱出来，从而变得一蹶不振。所以，有人说，虚荣心是一种扭曲了的自尊心，如果孩子沾染上“过于虚荣”的性格，对其有害无益。

虚荣心强的孩子，会因为别人一个羡慕的眼神心情愉悦；会因为一句大而无当的恭维眉开眼笑；还会因为一句言过其实的赞誉沾沾自喜，更会以一个毫无实质意义的头衔引以为荣……

虚荣心过强的孩子往往以追求个人荣誉为奋斗目标，一旦获得荣誉，就会表现出骄傲自满的情绪，趾高气扬。孩子虚荣心太强不但有碍心理健康，更可能妨碍到他们的学习、生活以及今后的发展。所以，家长要细心观察，防患于未然。

1. 孩子虚荣心强的表现

孩子虚荣心强，一般表现为以下几个方面。

第一，讲派头，充“大款”。这样的孩子喜欢吃高档零食，穿名牌服装，用进口文具，玩新奇玩具，这些都是追求虚荣的表现。有的孩子虽然家境不好，却宁可吃咸菜而穿名牌，打肿脸充胖子，这种表现就是虚荣心在作祟。

第二，撒谎、说大话。有些孩子喜欢用撒谎、吹嘘的方式来夸大自己或者家人，获得别人艳羡的目光，这也是虚荣心强的表现。

第三，争强好胜。有的孩子好强，做事情总想拔尖儿。如果下棋或者踢球等输给了对方，就和人家吵闹不休，争得脸红脖子粗。这种表现也是虚荣心使然，是希望自己以强者、胜利者的姿态出现在众人面前，受到众人的瞩目。

第四，爱听赞扬的话。有的孩子听不得批评，只想听好话，谁批评了他，他就跟谁反目成“仇”，这也是虚荣心在作怪。

第五，嫉妒别人的才能。嫉妒也是由虚荣心转化而来的，因为自己不如别人，得不到别人的夸奖和瞩目，就转而嫉恨别人的才能。

第六，自卑心理严重。虚荣心强的孩子特别渴望得到他人的认可与表扬，如果他们得不到表扬和鼓励，就会产生严重的自卑心理。

作为家长，应该及时发现孩子在行为或语言上表现出的虚荣心，把孩子的虚荣心消灭于萌芽状态，这样才有利于孩子更健康地成长。

2. 孩子产生虚荣心的原因

仔细观察，我们会发现虚荣心太重的孩子往往活得非常累。这是由于他们不能展示“真我”，不能按自己的本来面目生活，而需要在别人面前乔装打扮、抬高自己。另外，有虚荣心的孩子虽然在别人面前显得“自信”，但他们心里并不轻松，尤其在独处时，便会感到更加自卑，因为他们更明白自己的真相，他们骗不了自己。真相和假象的反差很容易使孩子内心空虚、失落，最终导致心理颓废，不求上进。

孩子过于爱慕虚荣，究其原因，大致有两个方面。

第一，孩子的自我认识能力差，不能客观评价自己。

幼儿时期，许多孩子往往过高地评价自己，以为自己什么都比别人强，这是儿童自我意识发展中的常见现象。等到孩子更大一点的时候，为了表现自我，获得他人的尊重，往往会自觉地强化“理想中的我”。

没有虚荣心的孩子，会通过自己的努力，让自己变得越来越优秀，使现实中的自己逐渐赶超理想中的自己。

而有虚荣心的孩子，会因为现实中的自我远不如理想中的自我而感到自卑，他们担心别人看出自己的缺点和不足，看不起自己。在这种自卑心理的作用下，便会产生追求虚荣的心理障碍。这些孩子会通过撒谎、吹嘘等方式抬高自己，以期获得别人的赞赏和关注。

第二，家庭教育方式不当。

有些家长认为自己只有一个孩子，又有经济承受能力，所以舍得给孩子买高档玩具、名牌服装。有些父母不注意提升孩子文化和修养，只喜欢在吃穿打扮、玩具图书等方面与他人的孩子攀比，甚至给孩子大把零花钱以显示自己的富有和与众不同。家长对孩子一味“吹高”“捧高”，让孩子在一片赞扬声中长大，从不受任何挫折，导致孩子的虚荣心变得越来越强。

孩子爱虚荣，很可能阻碍真正的进步，甚至对孩子心理健康是不利的。所以家长要多方找原因，以便有针对性地抑制孩子过强的虚荣心。

正确引导，改变孩子攀比之心

现如今，随着社会经济的不断发展，人民的生活水平整体有了大幅度提高。所以不少商家针对人们不断增长的物质需求，适时推出了各种各样高档的商品。在儿童消费领域，也出现了不少高档文具和漂亮的名牌衣服，一些经济条件较好的家庭往往可以随意满足孩子的要求。

孩子有了高档文具和漂亮的名牌衣服，就容易在心理上产生一种高于其他孩子的优越感。而当别人有了更高档物品的时候，他们就可能产生嫉妒心、攀比心，产生超过别人的欲望。

小文的学习成绩很好，经常受到老师的表扬，小文的爸妈也以此为荣。但是，这段时间，小文的成绩明显不如从前，爸妈很着急，经过仔细盘问，孩子说，同学们笑他是“土老帽”。

看到孩子受了委屈，小文的父母一狠心，拿出了一个月的薪水给孩子买新衣服，买新鞋，还买了一个新书包，并且这些东西都是名牌，让小文焕然一新。看着孩子每天高高兴兴地上下学，小文父母心里也踏实了，想着“这下孩子可以安心学习了吧”。

可是，令小文的父母没想到的是，没过多久，孩子又要求买新衣服，而且理直气壮：“我不能只穿这一身衣服吧，让人多笑话啊！”

可想而知，小文把一门心思都放在穿戴上了，学习成绩自然一落千丈。

小文的例子告诉我们，作为家长，不要因为疼爱孩子就无节制地满足孩子的虚荣心，帮助孩子与同学进行攀比。其实，家长的这种做法不是爱孩子的真正表现，而是在无意识地把孩子引入攀比的深渊而不能自拔。

某天，冬冬从学校回来后，就要求妈妈给自己买一个新文具盒，说原来的文具盒旧了，不好看。妈妈应允了。

可是没过几天，冬冬又缠着妈妈要换一个新文具盒，说其他同学都带很漂亮、很高档的文具盒，他的不够靓。妈妈不同意，他就又哭又闹，最后妈妈被闹得没有办法，只好无奈地同意。

从此以后，冬冬只要看到其他同学穿的衣服、用的文具比自己高档，他都会缠着妈妈去给自己买。

有时，家长也会对孩子的无理要求表现出明确的拒绝态度。但是，看着孩子又哭又闹，甚至不吃饭、不上学，家长出于心疼，只好依着孩子的要求去做。

其实，家长这种做法的危害性很大。孩子一哭闹，家长就妥协，这样会让孩子认为，只要“要挟”父母就可以达成愿望，助长孩子奢侈的消费观念和攀比心理。在这种攀比心理的作用下，孩子要求买新衣服、新书包，并不是由于自己喜欢这件东西，而是为了和别人比较。

而过度的攀比还会使孩子养成对物质方面过分追求的坏习惯，从而影响他们的正常学习。

如果孩子出现了攀比的心理，家长也不要着急。孩子毕竟年龄尚小，生活阅历不深，不可能像大人那样形成正确的评价事物标准，孩子有攀比的心理也属正常。这就需要父母在教育孩子时，讲究一下技巧，选取适当的方法，引导孩子改掉这种不良心理。

1. 对孩子的过分要求采取冷处理

当孩子要求购买某些奢侈品时，家长切不可轻易满足他们。如果孩子哭闹耍赖，家长可以对孩子的要求采取冷处理的方式。也就是说，对他的要求不做任何回答，给孩子几天冷静期。如果孩子还对这些奢侈品念念不忘，父母也可借此机会对他进行深入教诲：看一个孩子是否优秀有很多方面，比如，学习成绩好坏，是否听老师和家长的话，是否愿意帮助小朋友，等等。穿得好，用得贵，不一定就是个优秀的孩子。然后再跟孩子说：“你花的每一分钱都来之不易，都是爸爸妈妈辛苦赚来的，我们要学会珍惜和节约。”

2. 利用故事引导，树立榜样

所有的孩子都爱听故事，父母可以为孩子买一些儿童励志类的故事书，时常把这些故事读给孩子听；另外，父母也可以为孩子讲一些历史名人故事，如孔融让梨、凿壁偷光、乐羊拾金等，引导孩子以故事中的人物为自己行为的楷模，自觉向他们看齐。同时，父母还可以利用故事引申的道理，较早地让孩子明确什么是好的行为、什么是不好的行为，这样就会在孩子心中形成一种正确的价值观，进而使孩子远离攀比虚荣等不良心理。

3. 与孩子订立规则

要想纠正孩子的攀比之心，家长还可以给孩子订立一定的规则，让孩子懂得照规矩办事。

在晓明上学之前，父母就与他订立了一个购买规则，其内容如下：每学期开始，可以购买一身新衣服，但价格不得超过200元。每个月购买一次书本、玩具等，但课外读物仅限一本，玩具只限一个。如果学期的期末考试成绩有进步，可奖励200元以内的物品。

因为有一定的规则作为行为的标尺，晓明明显地比其他孩子懂事且善于节制，他从来不跟其他同学比较，总是力求做到符合规则。这让晓明的爸爸妈妈很放心。

4. 将攀比心转化为努力的动力

孩子与别人攀比，说明孩子的心理有竞争倾向，想要在某方面超越别人。这时，如果家长能抓住孩子的这种心理，让他们在学习、才能、意志力等方面与别人进行攀比，正确引导孩子朝正确的方向努力，将有助于孩子的健康发展。

苗苗胆子特别小，直到现在还和妈妈在一个房间里睡觉。一天，妈妈想锻炼一下苗苗的胆量，便对她说："咱们隔壁那家的小朋友真棒，才上二年级，就自己在一个房间里睡觉。我们家苗苗也很棒，今天在你自己的小房间里睡觉怎么样？"看着孩子不乐意的表情，妈妈接着说："苗苗是大孩子了，都已经上三年级了，如果让同学们知道你还跟妈妈一起睡，会嘲笑你的。"在妈妈的慢慢引导下，苗苗开始尝试着在自己的房间里睡觉。

5. 通过有益活动转移孩子注意力

家长还可以引导孩子了解、认识更多东西，培养孩子对于文学、历史、自然、地理等多方面的兴趣，和孩子共同选择他真正喜爱的项目，如钢琴、舞蹈、绘画等，增强他在这些方面的造诣。孩子的关注点转移了，眼界更开阔了，就不会局限于与其他伙伴攀比了。

通过家长的正确引导，改变孩子的攀比之心，对于培养孩子的健康心理，帮孩子树立正确价值观是很有帮助的。

让孩子走出别人眼光，活出真正自我

过分在意别人眼光的人，往往活得比较艰辛，因为他们过于在意别人的看法、别人的态度，因此诚惶诚恐，活得没有自我，总担心这个，害怕那个，犹豫不决，缺乏主见。而他们一旦受到他人的赞美与追捧便容易飘飘然，忘乎所以，最终迷失了自己。

泓水之战的故事就是宋襄公因过分在意别人对自己的评价，最后被打得落花流水。

周襄王十四年（公元前638年），宋襄公不顾公子目夷与大司马公孙固的反对，出兵伐郑。郑文公向楚国求救，楚成王接报后，没直接去救郑国，却统领大队人马直接杀向宋国。

宋襄公这下慌了手脚，顾不上攻打郑国，带领宋军连夜往回赶。等到宋军在泓水边安营扎寨，楚国的兵马也抵达泓水对岸。

宋襄公本人推崇仁义，特别在乎别人的夸奖，于是他特意做了一面大旗，在上面绣了“仁义”两个字。

到了第二天天亮，楚军开始过河。公孙固向宋襄公提议，等到他们过河过一半的时候杀过去一定能成功，宋襄公却顾虑着别人说自己是不仁义的，拒绝这样打。

等到楚军全部渡完河，在河岸上布阵时。公孙固又劝宋襄公，希望在敌军慌忙布阵的时候打过去，也有胜算。不料宋襄公还想着维护自己仁义的形象，把公孙固给骂了回去。

等到楚军布好阵后，一切准备就绪了，两军才开始正面交锋。

可当时的宋国弱小，根本不是楚军的对手。到最后，宋军受到重创，宋襄公本人也是在下属的拼死保护下才得以脱困。

以史为鉴，作为家长，要想让孩子健康成长起来，就应该从小教孩子不必过于在意他人的眼光和评价，让孩子轻装上路，活出真正的自我。

1. 孩子过于在意他人眼光与评价的表现

其实，孩子过于在意他人看法和评价的毛病，在小的时候就能够初见端倪。一般情况下，他们会有这样一些表现。

第一，怕被人拒绝、嘲笑，不敢提一些正当的要求。

凡凡就是这样的一个孩子。凡凡今年 5 岁，上幼儿园中班。有一次，他居然把尿尿到了裤子上。妈妈问他原因，他说：“老师说了，上课的时候不能上厕所，我怕跟老师说要上厕所，老师会讨厌我，觉得我麻烦，所以就不敢说了。”

这就是过于在意他人眼光与评价的典型表现。

第二，自尊心过强，别人善意的“笑话”也能伤到他的自尊。

强强是个可爱的小男孩，就是自尊心太强了，受不了别人的负面评价。有时候，爸爸妈妈因为他出现的童稚语言或行为在他面前笑，他就会觉得是在笑话他，虎着一张脸，一副“无地自容”的模样。

这样的孩子，受不了别人的一点负面评价，非常容易活在别人的眼光之下，失去真正的自我。

2. 引导孩子走出别人眼光的方式

孩子过于在意别人的看法，会给自己增添许多不必要的心理负担。为此，家长必须正确合理地引导孩子，帮助孩子摆脱别人的目光，活出真正的自我。

首先，家长要做好孩子的榜样。

这就要求家长加强自身修养，言谈举止不落俗套，给孩子树立一个好榜样，让孩子明白：不必过于在意别人的眼光，懂得欣赏自己的人，同样能得到别人的尊重。

其次，家长应告诉孩子“走自己的路，让别人说去”。

家长要让孩子明白，别人的观点不一定都是正确的，自己要学会判断，要懂得分析，哪些话是合理的建议，可以采纳；哪些话不合理，听听也就算了。

再次，培养孩子的自信心。

一个有自信的孩子，往往能够清楚地认识到自己的优点和长处，不会因为别人的一句负面评价而否定自己，更不会患得患失。因此，家长应从小培养孩子的自信心。

家长特别要注意的是，不要在他人面前数落自己的孩子。如，“我们家孩子特别不听话！”“你看我这女儿，看见吃的就没命地吃，长大了会胖成什么样啊！”“就没有像我家小强这样不懂事的孩子！”这些话，只会伤害孩子的自尊心、自信心。

最后，让孩子正确地认识自我。

过分在意他人眼光与评价的孩子，往往是对自己没有明确的认知，所以只能通过别人的评价来认识自己。别人夸奖他，他就觉得自己优秀；别人批评他，他就觉得自己很差劲。

所以，家长要让孩子正确地认识自己、评价自己。明白自己有哪些优点，需要发扬；有哪些缺点，需要改正。这样，当别人批评孩子的缺点时，孩子不会感觉突然受了打击——因为这些缺点他本来就知道，也在积极改正，孩子知道自己在逐渐变得更优秀，就不会因为别人的一句负面评价而伤心难过。当别人对孩子产生误解，提出了错误的批评意见时，孩子也不会太在意，因为他知道自己没有这些缺点。

正确地认识自我，能让孩子有效地分辨别人的话语，不容易迷失在别人的评价当中。

在生活中，家长要教孩子走出别人的眼光，正确地看待别人的评价，活出真正的自我，这对孩子的心理健康发展具有十分重要的意义。

合理的赞美，才能塑造孩子健康心理

孩子的心灵就像一块很软的透明皂，每一次夸奖都会留下或深或浅的痕迹。因此，对孩子的赞美不能没有原则，过分的赞美只会助长孩子的虚荣心。生活中就有很多这样的例子。

晨晨今年3岁了，智力发展得不错，能用积木摆出他所见过的各种汽车模型。晨晨的爸爸妈妈对孩子的这种“模仿力”和“创造力”感到很满意，于是倍加称赞，还常让他在别人的面前“表演”。这样，晨晨赢得的称赞就更多了。

有一天，家里来了客人，晨晨照例在客人面前进行“表演”。同来的一位和晨晨年纪相仿的小客人，在同晨晨一起用积木建“高楼”时，总比晨晨搭得高。这让晨晨非常生气，他不顾大人的制止，竟一手把小客人建的“高楼”推倒了，并抢过积木，到一旁“造”起他的汽车来。

客人走后，爸爸妈妈问晨晨为什么这样做，令他们感到惊讶的是，晨晨竟委屈得泣不成声。

显然，这时候孩子的心灵已被妒忌占据了。由于平时过多的称赞，使孩子滋长了一种自以为是的思想和虚荣的心理。他觉得自己就应该比别人强，不能容忍别的孩子比自己强。

我们再来看看下面这个孩子：

欢欢是个聪明的孩子，在幼儿园里，老师们经常夸他脑筋转得快，思维敏捷，学东西学得快。为此，欢欢很是自得。

有一天，欢欢把自己在幼儿园画的画带了回来，给妈妈看。欢欢的妈妈为了给欢欢更多的自信，就夸欢欢说：“我们的欢欢是最棒的！”

接着，妈妈与欢欢一起画画，让妈妈感到惊讶的是，欢欢每画几笔就会停下来问：“妈妈，我画得好不好？”“妈妈，这个画得漂不漂亮！”如果妈妈没有及时表扬他，欢欢就不愿意再画下去了。为此，欢欢的妈妈有些担心了。

虽然说孩子的每一点进步家长都应该给予认可与表扬，但这种表扬不应该是廉价的、言过其实的。过分的赞美对于孩子的成长并无好处。

作为家长，我们既不能让孩子在受责备的环境中成长，也不能让他们整天泡在甜言蜜语里。适度适时的赞扬，对于鼓励孩子，帮他们建立自信是非常有用的。但是过度的赞扬，往往会让孩子产生一种错觉，认为自己就是最好的，或者自己做事总是做得很好。于是他们看不到自己的缺点，将来自然不能经受住挫折和批评。

那么，家长应如何掌握赞美的原则与尺度呢？

1．赞美的语言要有针对性，不要泛泛夸奖

赞美得越具体，孩子越容易明白哪些是好的行为，越容易找准努力的方向。而一些泛泛的赞美如“你真棒”“你真了不起”等，虽然暂时能起到提高孩子自信心的作用，但由于孩子不明白自己好在那里，为什么受到赞美，以后也不会知道努力的方向在哪里。

而有针对性的夸奖，则能让孩子认识到自己的优点和长处，便于以后继续将优点发扬光大。

比如，对学习不算好的孩子，当看到孩子成绩单上数学成绩有了明显进步时，可以说：“你真的在数学方面有了很大进步，孩子。”在看完孩子写给笔友的一封信后，可以说：“我认为你在交友方面有了很大进步。”还可以对孩子说：“我昨晚已经发现，我不再需要提醒你完成你的作业了，因为我觉得你已经长大成熟了。”“你对问题的分析确实十分透彻。”“我发现你的作文中几乎没有什么错别字了，这真是一大进步。”

2．赞美孩子的努力成就，不赞美孩子的先天禀赋家长若想激励孩子在学习上取得更好的成绩，最好的办法不是赞扬他们聪明，而是鼓励他们刻苦学习。

悦悦小的时候学东西比别的孩子慢半拍，为此，她的爸爸妈妈非常苦恼。

悦悦上小学后，就当父母都认为悦悦不会有什么好成绩的时候，悦悦却带回了一张100分的试卷。这是一张数学测验的试卷，上面被老师画满了红色的对号。

“这是你的卷子吗？”爸爸吃惊地问悦悦。

“当然是我的，上面有我的名字啊！”悦悦自豪地对爸爸说。

“悦悦真不错，告诉妈妈你是怎么考出这么好的成绩的？”妈妈问道。

“老师讲课的时候我经常听不太懂，所以下课之后同学们都出去玩，我就把不懂的地方拿去问老师，老师再给我讲一遍，我就全懂了！做作业的时候如果有不会做的题，我就把老师讲的课再复习一遍，不会做的题也就会做了。所以考试的那些题目我都会做，就考了100分。”悦悦高兴地对妈妈说。

听了悦悦的话，妈妈一把抱起悦悦，高兴地赞美道：“我们的悦悦这么努力，以后肯定会有出息的！”

悦悦一听这话，更加高兴了。她在心里暗暗下定决心，要更加努力地学习！

其实，赞美孩子的努力是一种重要的激励手段。赞美孩子的努力和勤奋，孩子从父母那里得到肯定，以后就会强化努力的行为，变得越来越优秀。

但是，如果家长夸孩子聪明，孩子很可能觉得“我天生聪明，学什么都快，不需要那么努力”，于是上课不注意听讲，放学不认真写作业，长此以往就会逐渐落后于人。

作为父母，应该赞美孩子的勤奋、努力这些后天习得的品质，对他们的努力给予最热情的支持和鼓励；而不要赞美孩子聪明、漂亮这些先天的优势，那样容易让孩子产生骄傲自满的心理，不利于孩子的成长进步。

要让孩子始终记住一句话：“所谓天才，是百分之一的智慧加百分之九十九的努力！”很多情况下，父母应该故意淡忘孩子的聪明，而重视孩子的努力，并把这种理念传递给孩子，让他们感觉到只有努力才能获得成功，进而逐步明白一个道理：聪明往往只能决定一时的成败，而努力则决定了一生的命运。

正确的赞美方式是培养孩子心理健康的基石，给孩子正确合理的赞美，才能激励孩子更努力地做好每一件事，变得越来越优秀。

教孩子坦然接受批评与建议

现在的许多家长天天哄着孩子，看着孩子的脸色行事，只要看到孩子做了一些好事，就不断表扬；而当孩子做了错事时，却很少批评。这种做法对孩子的心理健康有害而无益。那些听惯表扬的孩子，一旦被批评就容易一蹶不振，或者烦闷绝望。因此，让孩子学会坦然地接受批评很重要。

莎莎从小就是个聪明的孩子，因为从小就听惯了别人的赞美，所以容不得别人的批评。要是她做错事被批评了，就会把嘴巴撅得老高，对批评自己的人心怀不满。此外，她还爱跟大人强词夺理，有时甚至嫁祸于人。如，她走路总是风风火火的，不小心把桌子上的茶杯撞到地上摔坏了，妈妈批评她应该小心点时，她却说："都怪你们把茶杯放在了桌子上！"

上学后，莎莎学习很用功，总希望能评上"三好学生"。到了期末评选"三好学生"的时候，莎莎觉得自己的学习成绩全班第一，肯定没问题。没想到，成绩不如她的小彬因学习刻苦，关心集体，乐于助人，被同学们一致推选为“三好学生”。莎莎一听自己落选，没等老师说完，就气得哭着跑出教室。

人人都希望得到别人的表扬和认同，不喜欢听到他人的批评与指责，孩子更是如此。尤其是那些自尊心、虚荣心强的孩子对表扬的要求则更甚，当然，他们对批评的抵触情绪也更强。

法国心理学家高顿教授通过一项专题研究证实，那些难以接受批评的孩子长大后，大多会对批评持“避而远之”或干脆“拒之门外”的态度。由此看来，让孩子从小学会接受批评，无论是对健康心理的塑造，还是对促进事业的成功，都具有相当积极的意义。

小彦是小学五年级的学生，他热爱学习，由于学习成绩在班里一直名列前茅，因此非常自负。

在家里，小彦认为自己已经是个大人了，对于父母说的话越来越不放在心上；在学校里，小彦也非常清高，不太愿意与成绩不好的同学一起玩，觉得跟他们在一起没什么意思；对于任课老师，小彦也不太尊敬，他认为自己就算自学也能够学到很多知识。

唯一令小彦比较敬重的是他的班主任张老师，因为张老师学识渊博，讲课水平非常高，在讲课中常常能够引经据典，这令小彦佩服得五体投地。

有一次，小彦在一篇周记中表达了自己看不起同学的思想，他还提到了一次与数学老师发生的争执，原因是数学老师批评小彦做作业不够仔细。

张老师在小彦的周记上回复道："数学老师批评你，是希望你进步。因为，他不批评你，你不会怨恨他；他批评你，你则会怨恨他。而他却选择了批评你，原因就是他希望你进步。张老师也是这么希望的。"

小彦看了这段话深受触动，慢慢地，他改正了自以为是、虚荣、好表现、容不得批评的坏毛病。

像小彦这样的孩子在生活中并不鲜见，这些孩子因为受到过多的表扬与称赞，自我感觉良好，在评价自己时经常会出现偏差。这个时候，孩子若能听取别人的意见或建议，就能不断充实和完善自己。反之，对孩子的成长则是不利的。

面对批评，有的孩子会进行争辩、对抗或是死不认账；有的孩子会满肚子不高兴，生好几天闷气；有的孩子则可能毫不在乎，不把批评当回事。实际上，这三种态度都是没有真正接受批评的表现。俗话说，"良药苦口利于病，忠言逆耳利于行"，说的就是批评听起来不令人高兴，不容易让人接受，但它能帮孩子改正缺点，避免孩子犯更多的错，是为了让孩子更加健康地成长。

那么，年轻的爸爸妈妈们应该如何让孩子学会接受批评呢？

1. 批评孩子不要伤害孩子的自尊心

孩子之所以不愿意接受批评，主要是自尊心在作怪。即使是很小的孩子，也有较强的自尊心，因此，家长在批评孩子的时候，应注意不要伤害孩子的自尊心。

比如，家长不应当着外人的面揭孩子的短，不要针对孩子所犯的错误进行讽刺挖苦，等等。

2. 批评孩子应就事论事，不要翻旧账

有些家长在批评孩子的时候，越说越生气，越说越激动，就容易将一些陈芝麻烂谷子的事情都牵扯出来。

嘟嘟期末考试成绩不理想，妈妈非常生气，忍不住批评了她："你看看你，平时不好好学习，就知道玩，考试考砸了吧！考试之前那个周末，让你在家好好复习，偏不听，非要跑出去玩。玩就玩吧，非要找李小萌玩，我跟你说过多少次，李小萌学习成绩不好，叫你不要总跟她来往，你就是不听。上次李小萌来咱们家，还打碎了一只花瓶，那可是你爸爸从国外带回来的！说到这个我想起来了，上次带你出国玩，你说说你闹着买了多少衣服玩具，爸爸妈妈赚钱这么辛苦，你一点都不知道节约。你花点钱没关系，但你倒是懂点事啊，一天到晚就知道惹我生气，早上起床连被子都不叠，你看看你的书桌，乱成什么样子，也不知道整理，每天除了吃就是玩，都一百三十多斤了，也不减减肥，以后嫁人都成问题！”

嘟嘟的妈妈原本只是批评女儿考试成绩不理想，说来说去却扯出了过往的很多事情，从学习说到交友，从交友说到乱花钱，从乱花钱又说到懒惰、不讲卫生，最后甚至连孩子的身材体重都要吐槽一番。

这样的批评方式不仅让孩子抓不到重点，一头雾水，而且很难让孩子真正认识到自己不努力学习的错误，反而会认为妈妈的无理取闹，就是看自己不顺眼。

3. 不能只注意孩子的错处

当家长动怒时常常会急于让孩子认错，会直接针对孩子所做的错事切入。然而，孩子其实不是从小到大都只做错事，必定还有许多可取之处，如果家长只看到眼前的错事而忽略了孩子的优点，就很容易让孩子觉得父母只在意自己的缺点，而不关注自己的优点，会产生失落感。

所以，家长在批评孩子的时候，要先对孩子的优点给予肯定，然后再提出孩子做得不对的地方，这样孩子会更容易接受。

4. 允许孩子作出解释

有一些家长比较独断专行，批评孩子的时候，如果孩子开口解释，家长就会斥责孩子“顶嘴”“找借口”等。这种做法不但不能让孩子真正接受批评，认识到自己的错误，而且会给孩子的心理造成创伤。

正确的做法是，允许孩子对自己的行为作出解释，告诉家长自己为什么会那样做，出于什么样的目的和动机，是否考虑过那样做的后果。如果孩子确实做错了，也要让孩子说说，以后应该怎么做。

在这个过程中，父母和孩子都要做到心平气和。父母不要逼迫孩子去承认错误，比如，有的家长会说："不承认错误就不许吃饭！"这样只会导致孩子为了逃避惩罚而敷衍着承认错误，内心可能根本不认为自己做错了。而且，这种粗暴的方式，有可能冤枉了孩子，让孩子平白无故担上莫须有的罪名。

家长要让孩子解释清楚自己的行为，再判断孩子是不是真的做错了。如果孩子确实犯了错误，家长就要让孩子真正发自内心地认识到自己的错误，这样以后才能更好地改正。

5. 教孩子冷静面对批评

有的孩子在受到批评后，由于心理上的抗拒，会作出一些极端的行为表现。比如，有的孩子受到批评后会情绪激动，哭得上气不接下气；有的孩子受到批评后，会对父母、老师出言顶撞；有的孩子受到批评后，甚至会离家出走。这样的孩子，显然是没有冷静地面对批评。

家长需要让孩子明白，父母或者老师批评他，并不是因为不喜欢他、针对他，而是为了让他认识到自己的错误，进而改正错误，变得更优秀。所以，孩子面对老师或家长的批评，需要冷静下来，认真反思自己，对于批评的内容，有则改之，无则加勉，这样才能更好地成长。

人非圣贤，孰能无过。家长需要让孩子认识到，犯了错误不要紧，重要的是虚心接受批评指正，认真反思错误根源，改正错误行为，为以后的进步和成功打下坚实基础。

第六章

带孩子走出嫉妒旋涡，重塑阳光心态

嫉妒能使亲密的好友翻脸，双方都会受到伤害，可以说，它是一种令人无可奈何的感情，象征着人性的弱点与丑恶的一面。

——诧摩武俊

不要让嫉妒的蛇钻进你的心里，这条蛇会腐蚀你的头脑，毁坏你的心灵。

——亚米契斯

嫉妒不利于孩子的身心健康

嫉妒心理几乎人人都有，它从儿童时期就产生了。随着人的成长与成熟，一些人对自己的嫉妒心理有了认识，学会了自我调控，渐渐将嫉妒心理转化为积极的行为，通过不断进步、不断超越对手，而消解了这种嫉妒心理。而另一些人则任凭嫉妒心理滋长蔓延，让自己的内心失衡，因此作出伤害别人事情。

勤勤是小学六年级的学生，她的学习成绩非常好，对班级工作也非常积极，一直当班长，年年都是市“三好学生”。但是这一年，市“三好学生”称号被授予了另一位更优秀的同学。没有当上市“三好学生”的勤勤，对着爸爸妈妈又哭又闹，甚至说，没被评上“三好学生”就没脸见人了，还闹着要退学。

事实上，不仅是在这一件事上，在平时，她也处处想争第一，把每一个同学都当作对手。如果没有经历这件事情，她的爸爸妈妈还在为自己孩子的“上进心”感到高兴，可经过这件事后，她的父母才明白正是因为自己平日过于注重竞争教育，才导致孩子变得善嫉妒，变得心理有些扭曲了，这些，自己要负全责。

1. 儿童嫉妒心理的表现形式

孩子嫉妒心理的表现形式多种多样，归纳起来主要有以下几种。

第一，不能容忍身边亲近的大人疼爱别的孩子。

孩子最初的嫉妒总是与自己的爸爸妈妈等身边亲近的人有关，当自己的父母疼爱别的孩子时，往往会表现出不满、哭闹等情绪和行为，有的甚至会出现一些倒退行为，故意作出比自己实际年龄幼稚的事情，以期引起大人们的注意。

第二，对获得自己父母或老师表扬的其他孩子怀有敌对情绪。

当别的孩子受到了家长、老师的表扬时，往往表现得不高兴、不服气，认为自己不比受表扬的孩子差，有的还会当面揭发受表扬孩子的缺点或不足之处，甚至有些事与对方受表扬没有任何关联。比如，老师表扬一个孩子学习成绩有进步，而另一个孩子出于嫉妒心理，可能会说：“他不讲卫生，吃饭前都不洗手！”

第三，对拥有很多玩具、用品、零食而又不和自己共享的伙伴进行排斥。

一般情况下，小一点的孩子都很喜爱和拥有很多玩具、用品、零食的同伴在一起玩，因为他们可以从中得到益处。但当同伴们不将自己的东西分享给他时，孩子往往就会表现出嫉妒情绪，如损害同伴的玩具、孤立同伴等。

2. 儿童嫉妒心理的危害

首先，爱嫉妒，影响个人的情绪。嫉妒心理会使人产生诸如愤怒、悲伤、抑郁等消极情绪，导致烦恼丛生，并忍受精神的折磨，这不利于身心健康。严重者甚至在妒火中烧时丧失理智，诽谤、攻击、造谣中伤他人，而不能腾出足够的时间来提高自己，并因此会陷入一种恶性循环中而不可自拔。

其次，爱嫉妒的孩子容易引起偏见。嫉妒心理在某种程度上是与偏见相伴而生、相伴而长的。嫉妒有多深，偏见也就有多大。有嫉妒心理者容易片面地看问题。因此会把现象看作本质，并根据自己的主观判断猜测他人。而当客观地摆出事实真相时，嫉妒者也能感到自己的片面、偏激或是误会。

再则，爱嫉妒影响人际交往。嫉妒心理是人际交往中的心理障碍，首先，它会限制人的交往范围。嫉妒心理强烈的学生一般不会选择与能力等各方面比自己优秀的同伴交往。更有甚者，诽谤、诋毁自己身边优秀的同学。其次，它会压抑人的交往热情。交往时总有所保留，不情愿真诚相待。另外，妒忌心理重者，甚至能反友为敌。他们一般不能忍受朋友超过自己，并怀恨在心，展开暗中攻击。

同时，嫉妒对个人、集体和社会均起着耗损作用，是一种对团结、友爱非常不利的情感。

因此，家长有必要帮孩子消除嫉妒心理，学会接纳他人、理解他人，学会公平竞争等。只有这样，孩子才能慢慢地摈弃嫉妒心理，学会调控自己的情绪和行为，变得自信、健康起来。

化解孩子嫉妒心理，家庭教育至关重要

有些家长认为，孩子都有嫉妒心理，对此不必大惊小怪。还有的家长认为，有嫉妒心理的孩子更聪明。甚至有的家长会在逗弄孩子的时候，故意挑起孩子的嫉妒心理，以此取乐。

比如，有的人会故意对亲戚家的孩子说："你妈妈喜欢弟弟，不喜欢你。"看到孩子表现出嫉妒的情绪，会有一种恶作剧般的快感。

这种行为，不但容易让孩子感到难过、不安，还可能激起甚至强化孩子的嫉妒心理，阻碍孩子心理的健康发展。

在家庭教育中，需要注意，家长的责任是化解孩子的嫉妒心理，而不是故意激发孩子的嫉妒心理。

1. 家长要以身作则，克制自己的嫉妒心理

有些孩子之所以有很强的嫉妒心理，是因为受了家长的影响。有的家长总是拿孩子与其他孩子进行毫无意义的比较，如，"某某能考第一名，你为什么就不能呢？""人家能弹琴，

又能跳舞，你怎么什么都不会呢？”这些话可能严重地挫伤孩子的自尊心，还有可能让孩子产生嫉妒心理。

除此之外，父母之间聊天时，也要避免表达嫉妒的心理，以免孩子有样学样，也产生嫉妒心理。

2. 家长要向孩子讲明嫉妒的危害性

家长需要让孩子认识到，嫉妒不仅影响孩子与同伴之间的团结，而且对自己也没有好处。应当认识到嫉妒的本质和危害，因为人人都需要与同伴接触和交流，而嫉妒却有碍于人际关系的和谐和自己的进步，发展下去既会害别人，也会毁了自己。

3. 家长要让孩子正确认识自己，培养积极健康的竞争意识

首先，要让孩子摆正自己与别人的位置，世界上没有十全十美的人，每个人都有自己的长处和短处，自己在某一方面超过别人，别人又在另一方面胜过自己，这些都是常见的现象。让孩子正确地评价自己，从而找到与他人的差距，扬长避短。

另外，每个孩子都希望自己能够比其他人更优秀，但是面对比自己强的人，需要有积极健康的竞争意识，而不能产生嫉妒的心理。

家长要教育孩子，当有人比自己更优秀的时候，应该努力提升自己，争取在能力水平上赶超对方；而不能嫉妒对方，甚至作出伤害对方的行为。

4. 培养孩子宽容的品质

有嫉妒心理的孩子，往往有自身的性格弱点。如，与人交往时，喜欢做核心人物；当不能成为社交中心时，就会发脾气；同时，他们不会感谢人，易受外界影响等。

对有性格弱点的孩子，父母要悉心引导。在孩子面前，要对获得成功的人多加赞美，并鼓励孩子虚心学习他人的长处，积极支持孩子通过自己的努力去超越别人、战胜自己，使孩子的嫉妒心理得到正当的发泄。

如果孩子能学会事事处处接纳他人、理解他人、信任他人，不仅会发现他人的许多优点，而且也更易容忍他人的某些不当之处，求大同存小异。这样，孩子的人际关系就有可能变得融洽和谐，孩子的心理也更容易得到健康发展。

化解孩子的嫉妒心理，家庭教育起着至关重要的作用。家长要注意从日常小事入手，帮孩子一点一点消除嫉妒心理，让孩子积极地面对生活和学习上的竞争，通过正当的竞争为自己赢得想要的荣誉，培养健康的心理和人格。

会欣赏他人的孩子，很难被嫉妒之心俘获

每个人都希望得到别人的认可与欣赏，但是很少有人懂得欣赏别人的优点。大人如此，小孩子同样如此。

五岁的晓晓很聪明，他能用积木摆出各种汽车模型。爸爸妈妈对孩子的动手能力颇为欣赏，对他赞赏有加，还常让他在别人的面前“表演”。这样，晓晓赢得的称赞就更多了。

有一天，家里来了客人，晓晓照例在客人面前“表演”堆积木。来客里有一位和晓晓年纪相仿的小朋友，他用积木搭了一架战斗机，看上去比晓晓的汽车要更逼真。这让晓晓非常生气，他不顾大人制止，竟一下子把小朋友的战斗机积木推倒，并抢过积木继续“造”自己的汽车。

客人走了，爸爸妈妈问晓晓为什么这样做，令他们感到惊讶的是，晓晓竟委屈得泣不成声了。

显然，这时候孩子的心灵已被妒忌所占据了。平时过多的称赞容易使孩子滋长了一种自以为是的思想和虚荣的心理。他觉得自己应该比别人强，不能容忍别的孩子比自己强。要想让孩子克服嫉妒的不良心理，家长应从小教育孩子学会欣赏他人。一个懂得欣赏与认同他人的孩子能够避免让嫉妒心理伤害到自己。

有这样一个寓言故事：

早晨，鹰心情怡然地在空中翱翔。忽然，鹰看到了一个鸡窝，鸡窝旁边走动着很多鸡。鹰疾飞而下，落在了低矮的鸡窝上，一动不动。

不远处，跑来几只鸡，鹰一改刚才的形态，拍了拍它那宽大的鹰翼，和鸡打着招呼。鸡根本就没有把鹰放在眼里，有的很不服气地说："鹰凭什么得到人们的尊敬和赞扬呢？你看他不也就只能落到矮矮的鸡窝上吗？""人怎么那么傻呢！干吗把鹰的地位抬那么高啊？你看鹰的腿那么短，眼睛还那么小，飞得和我们一样低。"有的鸡更是不把鹰放在眼里。

鹰被这些叽叽喳喳的声音吵得心烦，终于忍不住道："你们说得很正确，我们鹰的腿是很短，眼睛也很小，有时候飞得和你们一样低。但是，我们能一飞冲天，而鸡却从来不能。"鸡听了鹰的话，都默默地低下了头。

这个故事告诉我们一个做人的道理：当一个人去看别人的时候，不要徒费心思吹毛求疵，要看到别人的优点。如果可能，还要向别人学习。

嫉妒别人是不幸的，它会使人的心理失去平衡，丧失理智。相反，当我们以宽厚的胸怀去接纳别人和赞美别人的时候，就会从那些优秀的人身上发现高贵的品质和杰出的才能，从而向他们学习，提高自身的修养，然后使自己逐渐成为一个优秀的人。

虽然我们周围并非人人出色，但每个人都有自己独特的一面。因此，家长要教育孩子，在生活中不要忘记欣赏别人。只有学会欣赏别人、赞美别人，才能取长补短，提升自己。

遗憾的是，很多孩子并没有能够掌握这门学问，因而陷入了嫉妒的陷阱不能自拔。

每个人身上都有优点与缺点，爱看到别人优点的人会比总看到别人缺点的人更快乐，也更受欢迎一些。所以，我们鼓励每个人多去看别人的优点，多去欣赏别人，带给别人自信的同时也愉悦了自己。一个会欣赏别人的人，是自信的、快乐的、勇敢的、开放的。而这项本领是需要从小培养的。

很多家长认为，让一个不懂事的孩子学着欣赏别人，难度很大。其实并非如此，生活中的点点滴滴都是极好的教材，就看你怎么使用了。

要教会孩子欣赏别人，家长可以从以下几个方面入手。

1. 孩子挑剔他人的缺点时，父母一定要进行干预

孩子的认知有限，看人识事往往很片面，父母听到孩子挑剔他人的缺点时，一定要及时进行干预。比如，当孩子批评一起学舞蹈的小伙伴总是跟不上节奏时，家长可以说："那个小朋友，是不是不怕辛苦，一遍又一遍地在练习？"让孩子认识到，虽然那个小朋友还没有学会很好的舞蹈技巧，但是她勤奋努力，同样值得敬佩。

每个人身上都有优点和缺点，家长教育孩子的时候，要让孩子先想到其他人身上有哪些优点是自己所不具备的，可以向他学到些什么，而不要老盯着别人的缺点看。

2. 家长可尝试着让孩子说出自己的缺点

父母先尝试着讲出自己的缺点，告诉孩子这样的讨论就像一面镜子，会反映出更真实的自己，但不会遭倒任何打击和贬斥。这样做的目的，是让孩子更客观地了解自己和他人。还会使孩子意识到，虽然自己有缺点，但还是有人愿意和自己交朋友。换位思考一下，他的小伙伴有一点点小毛病，就被他"全盘否定"，是不公平的。通过这种方式，可以让孩子对别人的缺点更宽容。

3. 家长可引导孩子说出家人的优点

欣赏他人首先从欣赏周围的亲人开始。父母可以先带头

说说孩子有哪些优点，然后再让孩子说说父母有哪些优点。在平时的生活中，也要注意彼此都多多夸赞对方的优点。养成这种欣赏别人优点的习惯，孩子在幼儿园或学校与同伴相处的过程中，也会更容易发现别人身上的优点，学会欣赏别人。

4．不要无端批评指责孩子，或者把自己的孩子与其他的孩子进行比较

一些家长为了“刺激”孩子，以激励他更加努力，总不惜拿自己的孩子跟他人的孩子进行比较：“你看邻居家的胖胖这次就考得比你好。你到底是怎么念书的？”“你看丽丽那孩子多聪明，一说就懂。你呢？怎么说了这么多遍还是不懂呢？”为了维护自尊，许多孩子不得不用“贬低”别人的方式来抬高自己：“他好什么好，还不都是抄来的？”“她太喜欢出风头了，班上的同学都不喜欢她！”这样的孩子是很难学会欣赏他人的。

父母正确的做法是，让孩子分析自己这次成绩不理想的原因是什么，以后应该怎样努力学习提高成绩。

嫉妒是孩子成长过程中一个不容回避的问题，它并不可怕，关键在于如何战胜它。这需要家长用理智和耐心，把孩子心中的那份酸，化作生活中的甜，引导孩子战胜嫉妒心理，学会去欣赏别人。

鼓励孩子参与健康、公平的竞争

现代社会，家长对子女的期望越来越高，孩子在竞争激烈的环境里，学习压力越来越大。加上独生子女多有表现自我、突出自我的性格特点，在充满竞争的环境下，面对比自己更优秀的对手，就容易滋生出嫉妒心理。

孩子嫉妒心理可以表现在很多方面。比如：妒才，嫉妒那些学习成绩比自己好的人；妒能，嫉妒各方面能力比自己强的人；妒美，嫉妒长相比自己漂亮的人；妒德，嫉妒那些性格好、同学关系搞得好、朋友多的人等。

总之，嫉妒心重的孩子，只要看到别人在某一方面超过了自己，就会产生嫉妒心理，进而千方百计抬高自己，想尽办法贬低和打击对方。

嫉妒对孩子的人际交往与成长危害极大，因嫉妒而陷害他人的人，最后往往会毁了自己。这样的例子古已有之。

在战国时代，庞涓和孙膑一起投师鬼谷子学习兵法，算是同窗好友了。但庞涓非常嫉妒孙膑的军事才能，他当上了魏惠王的将军后，将孙膑骗到魏国，处以膑刑，使孙膑终身残疾。但后来庞涓也没有好结果，终被孙膑战败而死。

莎士比亚名剧《奥赛罗》中的男主人公威尼斯大将奥赛罗误听谗言，嫉妒的烈火使他丧失理智，他竟将贤惠美貌的妻子活活掐死。后来真相大白，他后悔不已，自杀身亡。

在现实生活中，被嫉妒扭曲了心灵的孩子看到他人在某些方面比自己强或有什么好的东西，自己当时却无法胜过或拥有时，就会产生不安、烦恼、痛苦、怨恨等复杂情感。而因嫉妒给他人造成伤害的故事更比比皆是。

晓玉从小就学习成绩优异，上了高中以后，尽管她学习仍旧努力，但在班上刚刚进入前十名，她很不甘心。她留恋小学、初中时期的辉煌，留恋名列前茅的感觉。她想找回初中时“领跑”的感觉。

因为缺乏正确的竞争心理，晓玉进入了思想的误区。她见不得别人比自己好，一旦自己身边的朋友考试成绩超过自己，她就会觉得心里不舒服，疏远人家，排挤人家。为此，班上的同学越来越不喜欢跟她交往。

慢慢地，晓玉陷入了孤独的境地，她的性格越来越孤僻，而她的学习成绩更是每况愈下。为此，晓玉的爸爸妈妈很是担心。

可以说，是非正常的竞争心理导致晓玉对事物、对成绩不能形成正确客观的认识，最终走入了偏见，产生怨天尤人的思想，影响她与其他同学的正常交往。对晓玉来说，这种伤害是非常严重的，它可能因此耽误了晓玉一生的发展。

因此，当孩子对于其他人表现出嫉妒的心理时，家长不能忽视，要做正确引导，鼓励孩子参与健康、公平的竞争，在竞争中不断提升自己，超越对方。

1. 家长要教育孩子正视别人的优点和长处

孩子产生嫉妒心理，最根本的原因就是不能接受别人比自己更优秀，总认为自己才是最棒的。因此，家长需要教育孩子正视别人的优点和长处，认同别人比自己强的方面。正视别人，正视自己，这是保持健康心理的前提。

2. 家长要教育孩子取人之长，补己之短

孩子认同了别人的优点和长处，下一步就要学习别人的优点和长处，弥补自己的缺点和不足，让自己变得和对方一样优秀，甚至更加优秀。

3. 家长要鼓励孩子用实力赢得竞争

有的孩子，明明自己已经很优秀了，但还是会使用一些不好的手段去伤害竞争对手，这就是心理不健康的表现。

家长需要鼓励孩子，用自己的实力来赢得竞争。如果孩子想在学习方面超过同伴，就要在平时认真预习，认真听课，认真复习，做好每一次作业和每一道练习题，将每一个知识点都牢牢记在心里，这样，在考试中不愁得不到高分。如果孩子想在体育比赛中超越别人，就要在平时勤奋训练，不怕苦不怕累，锻炼好自己的身体素质和运动技巧，在赛场上与对手一决高低。同样，如果孩子想在绘画、舞蹈、乐器等各个方面超越别人，所要做的，也是在平时努力练习，提高自己的技术水平，用真正的实力赢得竞争。

孩子只有通过健康、公平的竞争，才能真正获得进步。因为公平竞争可以检验自己的真正实力。如果通过公平竞争，自己超越了对方，那么就说明自己比对方更优秀，赢得坦坦荡荡；如果通过公平竞争，自己败给了对方，那么也可以进一步分析自己到底哪里不如对方，在以后加以改进和弥补，争取在下一次竞争中获胜。

在平时的生活中，家长要引导孩子参与公平竞争，通过健康公平的竞争，可以真正提升孩子的能力，让孩子变得越来越优秀，同时也能塑造孩子健康的心理。

培养孩子用平常心面对得失

当今社会的竞争日益激烈，适者生存的观念日渐深入人心，为了让孩子将来在竞争中立于不败之地，许多家长在孩子很小的时候就刻意培养他们的“好胜心”和“竞争意识”。而过强的“好胜心”与“竞争意识”却催生了一系列的教育问题与社会问题。

因为要“竞争”，要“取胜”，我们的孩子学会了嫉妒，更学会了“不择手段”。他们只能赢不能输，心弦一直绷得紧紧的，一旦遭遇挫折或者失败，这些孩子的心理往往支撑不住，不是从此一蹶不振，就是走上了极端的道路！

雨曦10岁了，读小学四年级。她平时的语文成绩特别好，尤其是作文，经常被老师当作范文，在全年级各班轮流读。老师为此常常表扬雨曦；父母也以她为荣，经常在亲戚朋友面前炫耀女儿的文采；雨曦自己更是十分骄傲。

但是在一次全市举办的小学生作文比赛中，雨曦竟然没有拿到名次。这让她觉得非常难以接受，心理上受到了巨大的打击，从此一蹶不振。后来，每到写作文的时候，她就觉得非常紧张，拿笔的手都哆嗦，额头大颗大颗地冒汗。这种紧张的心理更进一步导致了她学习成绩的下滑。为此，她的父母非常苦恼。

雨曦之所以变得如此，就是因为过强的“好胜”心理、虚荣心理，使其在失败时自尊大受打击！

与雨曦不同的是，她的好朋友芸芸不但没有因为一次的失败而气馁，反而越战越勇，从来不放弃！这些都要归功于她的爸爸妈妈的教育！

和雨曦一样，芸芸平时也很用功，学习成绩一直在班里名列前茅，但平时，爸爸妈妈总是对她进行平常心的教育，告诉她要坦然地面对一切荣誉与失败。妈妈总是对芸芸说：“凡事自己尽力就可以了，不要跟别人比！”芸芸把妈妈的话牢记在心里！

有一次，芸芸参加“口算”比赛，没有获得好的名次！来学校接芸芸的妈妈知道这件事以后，不但没有责备芸芸，还安慰她说：“输赢不要紧，重要的是参与。”

类似的话，让芸芸拥有了一颗“平常心”。所以，她做什么事情，都没有过重的“得失”心理！老师们都说：“这孩子很难得，很从容，也很淡定！”

其实“平常心”不仅可以帮助孩子勇敢面对挫折和失败，还可以让孩子学会如何面对荣誉。

8岁的女童贝丽曾荣获少儿钢琴大赛的金奖，一时声名鹊起。鲜花、掌声、荣誉纷至沓来。贝丽开始骄傲自满，沉醉于一片赞扬声中，练琴自然受到了影响。而她骄傲自大的表现让许多小朋友与她拉开了距离，对她敬而远之。幸好小贝丽的母亲对女儿及时提醒，告诫她说，其实她的荣誉与成功离不开老师的教育、朋友的帮助、亲人的鼓励。而且，妈妈告诉她，其实在比赛中，有很多小朋友和她水平不相上下，只是贝丽临场发挥比较好，才会夺得冠军，要以一颗平常心来看待这次成功。

妈妈的话犹如一盆兜头冷水，让小贝丽及时回航。从此，小贝丽专心练琴，一年后又在另一场比赛中夺取了桂冠。

1. 培养孩子平常心的好处

美国儿童教育专家艾森指出，对大多数孩子来说，引导他们拥有一颗“平常心”至关重要。因为“平常心”可以让他们以正常的心态看待比自己优秀的同伴取得比自己杰出的成就，冷静地看待自己的成绩和不足，从而找准方向，付出努力。

一般来讲，让孩子保持一颗平常心可以有以下几种好处。

第一，平常心可以增加孩子的个人魅力。

拥有一颗平常心的人，往往是一个宽宏大量的人，对待别人的错误或误解往往报以淡然一笑，不予理睬，他们并不是看轻对方，而是给予对方一种无声的谅解。相比之下，那种遇事就情绪激动，和对方大吵大闹的人，是毫无人格魅力可言的！正如俗话所说："和一个疯子争吵的人，不是疯子就是神经病。"

另外，能对别人的赞扬采取一种平和的心态，不骄傲、不自满，踏踏实实做自己的事情，过自己的生活，这样的人也会给别人留下踏实可靠的印象。而那些受到一点赞美就扬扬自得的人，则显得过于肤浅。

第二，平常心能让孩子给他人诚信的印象。

没有平常心的人往往是一个爱慕虚荣的人，每天为了张扬自己而说各种冠冕堂皇的话，做各种各样违心的举动，久而久之就会给周围人一种不诚实的印象，特别是在名和利的诱惑下，他们更有可能把持不住自己，不顾名誉地做一些鸡鸣狗盗之事。

而拥有平常心的人则完全相反，他们做人光明磊落，做事坦坦荡荡，不虚假也不掩饰，也不会在名利面前乱了手脚，去做一些有损名誉的事情。他们把名誉看得比什么都重，不会去损毁自己的名声，因此这类人往往会给别人留下诚信的印象。

第三，有一颗平常心，孩子可以正视自己的缺点和不足，并时时进行反省。

拥有平常心的孩子，通常不会掩饰自己的缺点，相反他们会把一个真实的自己摆在周围人眼前，希望周围人能帮自己指出不足之处。他们懂得要时时进行自我反省，才是真正对得起自己，换句话说，就是能把自己看得很清楚，并不断地进行自我审查，做到全面客观地看待自己。

第四，平常心让孩子的生活充满快乐。

任何人的生活都不可能一帆风顺，有成功，也有失败；有开心，也有失落。如果孩子把生活中的这些起起落落看得太重，那么生活对于孩子来说永远都不会坦然，永远都没有欢笑。而拥有平常心的孩子，会把一切成败得失都看作宝贵的人生经历，都值得被铭记。他们不会陷在失败的痛苦中不能自拔，也不会沉浸在成功的喜悦中忘乎所以，而是会静静地享受寻常的快乐。

第五，拥有平常心，能让孩子正确地对待失去的东西。

有句话说得好“不要为打翻的牛奶哭泣”，说的就是我们应该如何去面对已经失去的东西。失去的终究是失去了，不管如何为它们哭泣都不会再回来了。有了平常心，我们将会知道，世界上不管什么东西都不是永恒的，无论我们对它们有多么留恋，也不能制止这种逝去。因此，在这个时候，平常心能让我们很快地从失去的“阴影”中走出来，去追求下一个目标。

2. 如何培养孩子的平常心

“平常心”对于孩子的成长如此重要，那么，家长应该如何从小培养孩子的“平常心”呢?

第一，要培养孩子的“平常心”，家长应该先端正自己的观念和态度。

家长应该知道，“平常心”不是与世无争，无所事事，更不意味着不求上进。平常心，不过是我们在日常生活中看待问题、解决问题的一种心态。拥有“平常心”反而能让孩子在一个合理的期望值下更容易获得成绩。在现实生活中，切忌家长对孩子抱有不切实际的期望，揠苗助长，因为这样成长起来的孩子是很难拥有平常心的。

第二，让孩子做到“胜不骄，败不馁”。

在日常生活中，家长面对孩子的成功，不要表现得过于欣喜；面对孩子的失败，也不要表现得过于悲伤。要让孩子认识到，成功和失败都是很平常的事情，以此培养孩子“胜不骄，败不馁”的平常心。

第三，让孩子学会平常心对人对己。

要做到以一颗平常心对人对己，需要让孩子经常调整自己的心态，遇事要冷静，忌冲动，看淡得与失。这样，你的孩子在很多情况下反而会发挥得更好!

当孩子学会了平常心面对得失后，做事就会更从容，更淡定，在任何重大场合都能够平稳发挥，这样良好的心态，对于孩子的学业和将来的事业都会起到很大的助益。

家长在日常生活中，要注意培养孩子的平常心，让孩子的心理得到健康发展。

第七章

教孩子摈弃自卑心理，展现自信自强

在日常生活中，当一个人在某方面——例如权力、财产、知识、相貌等——处于弱势状态时，常常也会产生自卑心理。但是，只要你拥有做人的基本自信，你就比较容易克服这类局部的自卑，依然坦荡地站立在世界上。

——周国平

自卑往往伴随着怠惰，往往是为了替自己在其有限目的的俗恶气氛中苟活下去作辩解。这样一种谦逊是一文不值的。

——黑格尔

孩子自卑心理的九种表现

自卑是一种消极的自我评价或自我意识。一个有自卑心理的孩子往往过低评价自己的形象、能力和品质，总是拿自己的弱点和别人的强项比，觉得自己事事不如别人，在人前自惭形秽，从而丧失自信，悲观失望，甚至沉沦。

自卑的孩子往往胆小、怯懦、孤独、沉默，不喜欢交际，活动能力差，进取心不强，更多地考虑自我，对人不够热情，经常回避群体活动，缺乏自信心。这样的孩子，一般很难在人群里脱颖而出，更难作出成绩来。

在我们的身边，就有这么一些性格自卑、沉默寡言的孩子。丹红就是其中一个。

丹红是个四年级的女生，因为又黑又瘦，又长了两颗大虎牙，所以常常遭到男生们的取笑。因此，小小年纪的丹红表现得比一般的同龄人沉默、内向、稳重。她总是不苟言笑，默不作声地躲在角落里看书、学习，鲜少与班上的同学打交道。因为丹红的学习成绩不错，所以，妈妈并没觉察到丹红的性格问题。

有一次，学校举办知识竞赛，一个班级选3名学生参赛，丹红也被选中了，可是她却说什么也不去。老师动员丹红的妈妈做丹红的思想工作。在妈妈的再三追问下，丹红这才吞吞吐吐地告诉妈妈："我害怕他们取笑我，而且，如果比赛输了，同学们不是更会看不起我吗？"

像丹红这样因为自己的某种不足，而消极地逃避竞赛的行为就是一种自卑的表现。自卑是一种性格上的缺陷，来源于消极的自我暗示。具有自卑心理的孩子，就像丹红那样，对自己的能力等方面的评价一般都偏低。

他们常常自觉低人一等，内心感到惭愧、羞怯、内疚、畏缩等。自卑心理会埋没一个孩子的才能，导致孩子自暴自弃。

晓玥是一名高中一年级的学生，初中时行为习惯极差，升高中时，原学校拒绝吸收她读高中。之后，她只能到另一所差一点的学校读高中。

上高中以后，晓玥整天有愁容无笑脸，思想负担很重。原来，晓玥认为自己成绩差，"名声"又不好，因此，她担心在班上受孤立，担心将来别人都考上大学而自己考不上。为此，她抬不起头，挺不起腰，上课听讲不专心，发言不积极，整天沉默寡言，跟同学相处也很被动。甚至想辍学，干脆放弃高中阶段的学习。为此，她多次跟爸爸妈妈提出：“不读了，读书没有意思。”“做人有什么意义呢？”对此，晓玥的爸爸妈妈非常伤脑筋。

晓玥是一个因为缺乏自信而变得悲观、失望的孩子。因为缺乏自信、过于自卑，她不敢面对新的事物，不敢主动与人交往，心情苦闷不堪。在这种心理的影响下，晓玥如何能做到心无旁骛地学习呢？晓玥的这种自卑尚处于初级阶段，如果不加引导，使其长期陷于自卑的陷阱里，发展下去，很可能影响她的正常生活和发展，甚至抱憾终生。这是家长所不愿意看到的。

因此，家长应关注自己的孩子是否正陷入自卑的陷阱里，一旦发现，须尽早帮助孩子克服和纠正，以避免影响孩子的身心健康与今后的发展。

一般来说，自卑的孩子在思想与行为上往往会有以下表现。

1. 胆怯怕羞

孩子略有怕羞纯属于正常现象，但是过度胆怯、怕羞，如不愿抛头露面、不敢接触生人，则可能内心深处隐藏强烈的自卑情结。

2. 独来独往

一般来说，大部分孩子都喜欢与同龄人交往，并十分看重友谊。但具有自卑心理的孩子对交结朋友兴趣索然，常常喜欢独来独往。

3. 猜疑心重

有自卑心理的孩子对家长、老师、小伙伴对自己的评价十分敏感，有时甚至会因为别人的一个眼神、一个动作，就觉得别人对自己有意见、不喜欢自己。

4. 羡慕他人

有的孩子总是觉得别的小朋友的衣服更漂亮，玩具更新颖，食物更好吃，虽然自己的东西也很好，但就是觉得不如别人的更好，羡慕别人所拥有的一切，这也是自卑心理的常见表现。

5. 缺乏勇气与斗志

虽然有的有自卑心理的孩子十分渴望在诸如考试、体育比赛或文娱竞赛中脱颖而出，但又无一例外地对自己的能力缺乏必要的勇气与斗志。因此，他们大都尽量回避参与任何形式的竞赛。

6. 表述困难

据统计，8 成以上自卑儿童的语言表达能力较差，或表现为口吃，或表述不连贯，或表达时缺乏情感，或词汇贫乏等。

专家们认为，这是因为强烈的自卑感阻碍了大脑中语言中枢神经系统的正常工作。

7．承受能力差

有自卑心理的孩子往往不能像正常孩子那样承受挫折、疾病等消极因素带来的压力，遇到小小失败或小小疾病，便“痛不欲生”，有的甚至对诸如搬迁、父母患病等意外都感到无所适从。

8．过分依赖

一般孩子可以独立完成的事情，有自卑心理的孩子则很可能不愿意自己完成，总要依靠周围的人来做。这类孩子往往担心自己做得不好，对自己的能力没有信心。

9．有自虐倾向

一部分有自卑心理的孩子会表现为自暴自弃，更有甚者，还可能做出自虐行为，如故意在大街上乱窜、深夜独自外出、生病拒绝求医服药等，似乎刻意让自己处在险境或困境之中。

作为孩子的家长——塑造孩子健康心理与健全人格的工程师，我们一定要正确对待和解决孩子的自卑心理，一旦发现孩子有以上种种的自卑表现，就应该给予高度的重视，用科学的方法引导孩子，帮助孩子走出自卑的泥淖，变得乐观、开朗、自信。

孩子产生自卑心理的五大原因

法国心理治疗师雷哈德·卢旺认为，“自卑”这个说法，好像一个杂物柜，什么都能往里装。“我不敢上台发言”“我不知道怎么说不”“我害怕别人的议论”“我认为自己一无是处”等，这些都是自卑的表现。自卑是危险的，它会蒙蔽孩子的双眼，让他们看不清自己的能力，看不清自己，从而陷入痛苦的泥沼中难以自拔。

可是，孩子为什么会自卑，造成他们自卑的原因是什么呢？归纳起来，导致孩子缺乏自卑的原因主要包括以下几点。

1．家长一味地否定孩子

中国传统文化信奉“不怕人笑话，就怕自己夸”，为了防止孩子骄傲自满，促进孩子进步，一些家长天天忙着去割孩子那所谓的“翘起的尾巴”，一些家长说起孩子的缺点如数家珍；一些家长经常在外人面前数落孩子性格与行为中的负面因素。

因此，孩子在生活中听到的大多不是“不错”“很好”“有进步”“你能行”，而是“真笨”“你怎么把房间搞得这么乱”“不要以为这一次考了100分，就能次次考100分”等。

天天生活在这样的环境中，不要说孩子，即使是一个成年人恐怕也会被搞得灰溜溜的，不自卑才怪呢！

2. 家长对孩子的期望过高，让孩子自卑

能力特别强的父母，一般对孩子的要求也很高，他们总是追求十全十美，而孩子毕竟还小，他们的知识积累和生活阅历决定着他们不可能把每一件事都做得十全十美。因此，孩子往往就会受到父母过多的指责或训斥，进而对自己的能力产生怀疑，逐渐失去自信，从而产生自卑心理。

美美的爸爸是博士毕业，妈妈是硕士毕业。爸爸妈妈一直认为，他们的文化水平这么高，一定能把美美培养成清华北大的高才生。

但是，美美的学习成绩并没有爸爸妈妈期望的那么好。虽然每次考试美美在班里都能排前十名，但是这样的成绩距离考清华北大还是相差很远的。所以每次考试成绩出来以后，爸爸妈妈从来没有表扬过她，总是说：“怎么这么简单的题也能做错？”“你也太笨了，比爸爸我小时候差远了！”“我像你这么大的时候，每次考试都是全校第一名！”

尽管美美的学习成绩在班级名列前茅，但是她一点自信都没有，总是觉得自己很笨，很差劲。

是父母对美美的期望过高让她产生了严重的自卑心理。

在生活中，家长不要对孩子提出过高的要求，更不能因为自己优秀，就要求孩子必须同样优秀，甚至更优秀。只要孩子已经付出了足够的努力，无论取得的成绩是好是坏，都要给予鼓励，这样才能避免孩子产生自卑心理。

3. 家长对孩子的攀比，让孩子更自卑

很多家长都喜欢将自己的孩子与别人家的孩子进行攀比。

有的家长对孩子说："你看看隔壁的贞贞，期末考试门门功课 100 分；再看看你，两门功课不及格！"却忽视了自己的孩子勤劳懂事，经常帮父母分担家务。

有的家长对孩子说："你看看刘叔叔家的女儿，经常在数学竞赛中拿奖，这次又在省奥林匹克数学竞赛中拿了个银牌；再看看你，数学连个满分都没考过！"却忽视了自己的孩子语文成绩优异，小小年纪已经在许多家报纸杂志发表过文章，每个月都能收到稿费汇款单。

有的家长对孩子说："你看看李阿姨家的儿子，才 11 岁已经长到了一米七二，是学校篮球队的主力；再看看你，长得像豆芽菜一样！"却忽视了自己并没有高个子的基因可以遗传给孩子。

家长的这种盲目攀比，忽视了孩子的优点，而专注于孩子的短处，甚至拿自家孩子的短处与别人家孩子的长处相比。长此以往，孩子也会渐渐忘记自己的优点，只记得自己的缺点，觉得自己很差劲，这只会导致孩子的自卑心理从无到有，从轻到重，影响孩子的心理健康。

4. 对孩子过度保护，容易引发孩子的自卑心理

在我们的社会生活中，由于“独苗苗”现象的普遍存在，许多孩子变成了家里的“小皇帝”“小公主”，因而也自然成为爸爸、妈妈、爷爷、奶奶、姥姥、姥爷的聚焦中心，六双眼睛时刻关注着小宝贝的动静，唯恐有点闪失。加上小孩子的能力本来不足，做任何事情笨手笨脚，动作又慢，很容易导致自信心不足。大人在一旁看着，情不自禁地发急，往往自己动起手来越俎代庖。

久而久之，孩子什么也不会干，于是家里的六双手更“有理由”抢着包办代替，剥夺孩子自己做事的权利。

孩子无从学习动手做事，也就没有办法建立起自信心。

另外，家长过度保护的另一种表现是恐吓手段。比如，不让孩子出家门“闯祸”，偏说什么“外面有大灰狼”“有坏人要把你带走”的谎言，使孩子只能老老实实地待在家里。这样孩子虽然变得听话了，可是，他的自信心也吓得没有了。

5. 缺少父母陪伴的孩子，容易产生自卑心理

有些父母将孩子留在老家与爷爷奶奶生活在一起，而自己则在外地工作，孩子长期得不到父母的陪伴和关心，会感

到孤独无助。尤其当看到别的小朋友能跟爸爸妈妈在一起时，就容易更加伤心，感到很自卑。

由此可见，孩子自卑性格的形成有多种原因，父母应关注孩子的性格发展，一旦发现孩子的自卑心理，必须尽早帮助孩子缓解和消除，以避免影响心理健康。

正确认识自我，战胜自卑心理

在心理学领域，有一个词叫“自我认定”，指的是一个人对自己生理、心理特征的判断与评价，是自我意识的重要组成部分。自信的孩子往往能够正确认识自我，准确地进行“自我认定”；而自卑的孩子，对自己的评价往往过低。

例如，有的男孩因自己身材矮小而自卑，有的女孩因自己过于肥胖而苦恼，这就是对“生理自我”的认定。他（她）们认为自己在生理方面不如别人，于是便总是怀着矮人一截的自卑心理。

再如，有些孩子学习成绩差，便认为自己脑子笨；有些孩子一开口说话就脸红耳赤、结结巴巴，便感到自己表达能力差，因此陷入深深的自责与自卑之中。

要想让孩子走出自卑的阴影，家长应引导孩子认真地剖析自己，全面了解自己——要了解自己的短处，更应该了解自己的优点和长处。当孩子的自我意识增强了，才能扫除对自我的偏见，树立起强大的自信心，获得一个健康的心理状态。

那么，家长应如何引导孩子认定自我、树立起信心呢？具体方法主要包括以下几点。

1. 让孩子充分了解自己的优点

每个孩子都有自己的优点，但并不是每个孩子都能发现自己的优点。尤其是有自卑心理的孩子，经常习惯性地忽视自己的优点，甚至拿自己的弱项去和别人的长项比较，觉得自己方方面面都不如别人：学习成绩不如小明，体育不如小刚，画画不如小美，唱歌不如小芳；却看不到自己比别人优秀的地方。

作为家长，要启发孩子去了解自己的优点，比如，孩子做事慢，可能是因为认真仔细；孩子沉闷不爱说话，可能是因为思维缜密，懂得言多必失；孩子淘气好动，可能是因为体能比较好；等等。

此外，父母还可以用《毛遂自荐》的故事来激励孩子。战国时期平原君的门客毛遂，发现自己有善于外交的特点，便来了个千古流芳的“自荐”，这就是他自己发掘自己，看似平常却非有几分勇气不可。而孟尝君的门客冯谖的做法是弹铗而歌，自比贤人，终于得到重用，为孟尝君作出了具有战略意义的安排和布局，达到了双赢的最高境界。这都是善于发掘自我优点的经典事例。父母可以通过事例告诉孩子，千里马难寻，而伯乐更难寻，不要等待别人来发掘，要自己发掘自己。

2. 要让孩子正确认识自己的缺点和不足

自卑的孩子，对自己的缺点和不足都有很深刻的认识，但是这种认识未必正确，而往往是经过了孩子自己的夸大。

比如，有的孩子学习成绩差，学习知识总是比别人慢，于是觉得自己这么笨，学习成绩是不可能提高的。在这种自卑心理的作用下，孩子认定自己是一个“学渣”，把自己的学业判了“死刑”，自然不会再付出更多的努力去学习。

但事实上，即使孩子不是特别聪明，学习知识比别人慢，也不代表孩子注定学习不好。因为每个孩子的智力发育时间都是不一样的，有的孩子智力发育早，在小学的时候学习成绩很好，但是到了初中，智力水平不再有较大提高，学习成绩就不再突出了；而有的孩子，智力发育晚，在小学的时候看上去笨笨的，但是到了初中，智力开始迅速发育，学习成绩也会很快赶上来。所以我们在生活中经常看到这样一种现象：在小学阶段学习好的孩子，将来未必考上好大学；而在小学阶段成绩不太好的孩子，在初中、高中有可能逆袭成为尖子生。

不仅在学习方面如此，其他方面也是如此。

另外，即使孩子真的存在某些缺点和不足，也要告诉孩子，这些都是可以通过后天努力来弥补的。只要有决心改变现状，并且踏踏实实地付出努力，即使不能超越别人，也至少可以超越过去的自己。而作为一个人，最大的成功不是超越别人，恰恰是不断超越过去的自己。

家长要让孩子正确认识自己的缺点和不足，明白任何缺点和不足都不是不能改变的，只要肯努力进取，那么明天的自己就会比今天的自己更好。将这种努力持续数十年，就能发现自己的人生会有翻天覆地的变化。

3. 教孩子扬长避短，学会心理补偿

正所谓“尺有所短，寸有所长”，每一个人都有自己的优势和劣势，有自己的长处和缺点。如果用其所短而舍其所长，就连天才也会丧失信心，自暴自弃。但是如果一个人能扬长避短，强化自己的长处，则更容易建立自信，享受到成功的快乐。

在平时的生活中，家长要教孩子多发扬自己的长处，少暴露自己的短处。当一个人的强项足够强，也就没有人会去在意他的弱项了。

扬长避短，学会心理补偿，这是孩子战胜自卑心理的有力武器。

4. 强化孩子的自我肯定

强化自我肯定，也是战胜自卑心理的有效方法。

家长可以帮孩子准备一个专用的“功劳簿”，当孩子取得某些进步，或作出某些成绩时，让孩子自己记在上面。这些“功劳”可以囊括各个方面，包括勤奋学习、乐于助人、尊敬师长、爱护班级等。大到比赛获奖，小到帮邻居家的奶奶倒垃圾，都可以写进“功劳簿”。渐渐地，孩子会越来越认同自己具有很多优秀的品质，在学业上也会取得许多进步。

通过这样的方式来强化孩子的自我肯定，有利于增强孩子的自信心，消除孩子的自卑心理。

5. 教孩子经常给自己打气

聪明的父母会经常帮助孩子总结一些积极的语言，让它成为孩子日常生活或学习中的激励语，形成孩子积极的心理暗示。

比如，在考试前，父母可以给孩子在书房贴一些标语，例如：“我是最棒的！”“我一定能取得好成绩！”让孩子晚上睡觉前或早上起床的时候，对着镜子大声地说出来。

又如，当孩子生病时，父母在孩子的床头贴上字条：“我的身体很健壮！”“我很快就可以痊愈了！”

再如，当孩子遇到困难踌躇畏缩时，父母不妨教孩子自己为自己鼓劲：“我可是一个不怕失败的好孩子，来吧，让我再做一次努力吧！”

如果孩子经常用这些积极的话语给自己打气，这些话就会进入孩子的潜意识中，成为孩子战胜困难的动力之源。这样会让孩子在面对困难的时候更有自信。

6. 家长的鼓励和赞扬能帮助孩子变得更自信

当孩子正为做一件没太大把握的事犹豫时，父母不妨由衷地对他说：“我相信你一定能行的！”及时的鼓励，会使孩子信心倍增。

当孩子取得一定成绩的时候，父母一定要适时地赞扬孩子，通过赞美的话语进一步激励孩子努力进取，变得越来越优秀。

“认识自我”这句镌刻在古希腊戴尔菲城那座神庙里唯一的碑铭，犹如一把千年不熄的火炬，表达了人类与生俱来的内在要求和至高无上的思考命题。尼采曾说：“聪明的人只要能认识自己，便什么也不会失去。”

可以说，孩子的平庸抑或杰出，与是否自信有非常密切的关系。一个孩子只有真正认识自己，才能更好地发挥自己的潜能，变得更自信。

用成就感激发孩子的自信心

自信心在孩子的成长过程中所起的作用是无法估量的。如果孩子是个自信的人，那么他很可能处世乐观进取，做事主动积极，勇于尝试，乐于接受挑战。自信是一种积极的心理状态，是人们开拓进取、向上奋进的动力，是一个人取得成功的重要心理素质。自信心在个人成长和事业成就中具有显著的作用。这种心理素质应该从小培养，从家庭起步。

自信心比金钱、权势、家世、亲友更重要。它是人生可靠的资本，能使人努力克服困难，排除障碍，去争取胜利。对于事业的成功，它比什么东西都更有效。

自信是孩子开启独立自主大门的钥匙，它有时甚至比能力更重要。就算一个能力一般的人，他一旦拥有了自信这个良好的心理状态，也往往能更好地发挥自己的潜能，作出意想不到的成就来。

自信心是成长的动力，而自卑心则会成为成长的障碍。

心理学家曾做过这样的一个实验：

把一条梭鱼养在有很多小鱼的鱼缸中，让它随时可以吞吃小鱼。一段时间后，心理学家用一片玻璃把它与小鱼隔开。这样，梭鱼再想去吞吃小鱼时自然就遭到了一次又一次的失败。随着失败次数的增加，它吞食小鱼的希望和信心也随之逐渐下降，最后完全丧失信心。在实验的最后，心理学家把玻璃拿开了，可那只梭鱼依然无动于衷，最终饿死在鱼缸里。

接着，心理学家又做了同样的一个实验：

把一条梭鱼放养在有很多小鱼的鱼缸中，在中间隔了一个玻璃板，当梭鱼第一次、第二次要吃小鱼时，心理学家并没有采取任何行动，而是认真观察。等到梭鱼第三次游向小鱼的时候，心理学家悄悄地拿走了那块玻璃板。于是，梭鱼吃到了小鱼。这样的实验在继续进行着，之后，梭鱼失败的次数越来越多，但因为知道总有“吃到小鱼”的可能，梭鱼始终败而不馁，充满了旺盛的斗志。

对于任何一个人来说，成功都能强化自己的自信心，弱化自己的自卑感，而一连串的成功则会使这个人的自信心趋于巩固。反之，如果一个人体验到的尽是失败，尝不到一点成功的回报，时间长了，势必会像那只倍受挫折的梭鱼一样，变得灰心丧气，毫无斗志。

因此，家长应让孩子多体验成功，用成就感激发孩子的自信心。孩子只有体验到成功的快乐，才能激发自己的信心与上进的勇气，从而激励自己再下苦功夫去争取更大的成功。

那么，在日常生活中，家长应如何运用成功来激发孩子的自信心呢？专家认为，要想通过成就感来激发孩子的自信心，家长不妨从以下几个方面入手。

1．对孩子进行积极的心理暗示

心理学研究和生活经验都告诉我们这样一个道理：如果一件事情有很大的价值，通过我们的努力后又可以实现，那么我们肯定会对它产生兴趣，并愿意作出努力。

但是，如果一件事，虽然有很大的价值，但是经过努力也未必做得到，人们一般就不会愿意去付出努力了，最后当然也就不会成功。

所以，让孩子去做一件有价值的事情，并且最终获得成功，其中最关键的因素就是让孩子相信经过自己的努力可以做成这件事。但是自卑的孩子往往不相信自己的能力，不相信自己可以把事情做好，这就需要家长对孩子进行积极的心理暗示。

小璐今年上小学五年级，平时语文成绩比较差，在上次的期末考试中，语文只得了 63 分。小璐为此十分苦恼。

妈妈为了改变这种状况，在假期给小璐布置了一项作业：每天抄写一篇朱自清的散文，并将文中出现的所有字词全部学会。妈妈告诉小璐，只要耐心细致地完成这项作业，语文成绩一定能够有所提高。

小璐对这项作业很感兴趣，因为它不同于平时完成的那些练习。她感到父母对这项新型的作业寄予很大的希望，相信她的读写水平一定能够提高。这就给孩子增添了力量，只过了一个半月的时间，就取得了初步的成效。

通过抄写这些散文，小璐认识了很多新的字词，并学会了许多新的语言表达方法。她现在也开始仔细地阅读其他文艺作品，在里面寻找好的词、词组及句式。

在开学后的一次语文测试中，阅读理解部分的文章恰好是她抄写过的一篇朱自清的散文。那篇阅读理解她得了满分，这还是她上学以来的第一次。

就这样，小璐对学好语文的信心越来越强烈，对学习语文的兴趣也越来越浓厚。

正是积极的心理暗示，让小璐在假期专心抄写、学习，进而在后续的考试中取得了好成绩；而取得好的考试成绩，又让她获得了成就感，进而对学习语文产生了浓厚的兴趣。

可见，积极的心理暗示是做任何事情取得成功的基础和前提。有了积极的心理暗示，相信自己能够做好一件事，就会愿意付出更多的努力，在努力之下，一定会有所收获。

2. 鼓励孩子从事感兴趣的活动

孩子做自己感兴趣的事情，往往会愿意付出更多，也更容易获得成功。反之，如果孩子做的事情是自己不喜欢的，是被家长逼迫去做的，那么就很难提起兴致，最终的结果也往往并不会特别好。

所以，家长要尽量让孩子做他自己感兴趣的事情，而不要逼迫孩子做不喜欢的事情。

彤彤的父母特别注重对孩子各方面才艺的培养，从彤彤 4 岁起，就给她报名学习拉丁舞、绘画、书法、小提琴等。彤彤喜欢舞蹈，在很多大型拉丁舞比赛中拿过奖，甚至还登上了省电视台举办的新春文艺汇演舞台。但是她对小提琴完全不感兴趣，每次上课都情绪低落，有的时候甚至在父母的逼迫下边哭边拉琴，学了两年，还不能流畅地拉出一首完整的曲子。

家长需要明白，孩子能否做好一件事，最关键的就是对这件事是否感兴趣。只有做感兴趣的事情，孩子才会愿意付出更多的努力，取得成功。

3. 给孩子“做老师”的机会

在生活中，家长还可以通过请教孩子问题，让孩子做自己的“老师”，来让孩子获得成就感，增加自信心。

晶晶读初中二年级，除了英语，其他各科成绩都不错。她总说自己天生不是学英语的料。妈妈为了鼓励她学好英语，想出了一个好办法。这天，妈妈下班后对晶晶说：“妈妈单位评职称，要考核英语水平。可是妈妈已经这么多年不学英语，以前学过的知识早就忘光了，要不你来辅导妈妈好不好？”

晶晶一听，直摇头：“不行不行，我的英语太差了，我可辅导不了你。”

妈妈说："没关系，就从最基础的开始学，你英语就算再差，也肯定比我强！"

从这以后，每天晚上，妈妈都缠着女儿带自己做英语练习题，一边做题，还一边"请教"晶晶："这个单词是什么意思啊？""这个是什么句式啊？""这个句子的时态是什么？"

开始的时候，晶晶也经常被难住。妈妈告诉她，如果她也不会，就等第二天上学去问老师，搞懂了，晚上放学回家再给妈妈讲。就这样，经过半年的"辅导"，晶晶的英语成绩有了大幅度提高，而且面对英语也比以前更自信了。

4. 不要对孩子提出过高要求

很多家长习惯于对孩子提要求，比如，"晚饭前必须把作业写完""期末考试必须得 100 分"等。

家长对孩子提要求的时候，需要考虑到孩子的实际能力，不要提超出孩子能力很多的要求。

比如，一个 5 岁的孩子，家长要求他每天学会两首古诗，这就是要求过高，孩子很难达到。如果孩子经常达不到父母的要求，就容易逐渐丧失自信，觉得自己能力差，做不好事情。

反之，如果家长提出的要求是孩子稍稍努力一下就可以达到的，这样孩子经过自己的努力做好了父母要求的事情，就会获得成就感，逐渐建立起越来越强大的自信心。

作为家长，需要在生活中发现机会、创造机会，去帮助孩子获得成就感，激发自信心。

对孩子进行积极的心理暗示

日本脑科专家七田真教授说过：“每个孩子都会成长为父母们想象中的样子，积极的态度能够塑造出积极的孩子，而消极的态度，也一定会塑造出消极的孩子。”这是因为，孩子的心理就像一个气球，需要家长不断地灌输一些积极、自信的氧气，这种氧气能让孩子从中得到很大的鼓励，既能够增强自信心，又有助于体会成功的喜悦。

反之，如果家长向孩子灌输 “这个孩子发育太慢”“没有任何才能”“没有一点长处”等一系列消极和悲观的信息，孩子就只能得到悲观和挫败感，从而变得没有自信。

也就是说，孩子有出息或者没出息，有自信或者没自信，其原因就在于他们的父母，他们呈现出的状态正是父母教育的结果。因此，家长应停止对孩子的讽刺与打击，不要给孩子一些消极的心理暗示，这对孩子的自信心的培养是无益的。

没有一无是处的孩子，家长需要做的就是努力捕捉孩子那些稍纵即逝的闪光点，给予孩子必要的表扬和鼓励，让孩子学会积极的自我暗示。对于孩子来说，学会了积极的自我暗示，等于拥有了一笔巨大的财富。因此，引导孩子积极地自我暗示很重要。

一位聪明的妈妈是这样引导她的孩子学会积极的自我心理暗示，变得自信的：

程程的学习成绩很差，他的妈妈给他请过家教，也请老师对他特殊照顾，但他的成绩一直在班级后十名徘徊。因此，他对自己失去了信心。

一次偶然的机会，妈妈发现，程程虽然成绩不好，但是心肠很好，很乐于帮助别人。他积极地为班级打扫卫生、为别的同学修理凳子，甚至替受欺负的同学打抱不平。于是，聪明的妈妈就抓住孩子这个优点，经常夸奖他："儿子，我为你乐于助人的精神感到自豪。"由于妈妈的表扬和鼓励，程程在潜意识里觉得自己就是一个乐于助人的孩子，因此，他在班里表现得更加积极了，后来，竟然被老师和同学们选举为班长。

当了班长的程程更加自信了，不但认真地完成班长所负责的任务，还想在任何事情上都起带头作用。看着自己的学习成绩一直没有进步，程程痛下决心：一定要赶上去，在学习上也能引领班里的同学。在妈妈的引导下，程程经常对自己说："我都可以当班长了，学习肯定也能上得去！"

现在，程程的学习成绩虽然不是班里最好的，但是与他以前相比，已经有了很大的进步。为此，程程的妈妈很欣慰，也很骄傲！

积极的心理暗示的作用是极大的，它为孩子提供了精神动力，可以提高孩子承受挫折的能力，让孩子始终保持一种积极向上的精神状态。

让孩子学会积极的自我心理暗示，不论是对孩子的学习、生活，还是以后的工作和事业，其重要性都是无法估量的。

因此，作为孩子人生的引路人，家长要给予孩子积极的心理暗示，鼓励孩子在群体中去表现自我、发掘自我，从而在心理上获得满足，继而转变为学习的动力。

要引导孩子学会积极的心理暗示，家长应做到以下几点。

1. 凡事往好的方面去想

孩子的心理往往会受家长影响。家长能够用积极的心理去面对各种问题，凡事往好的方面去想，孩子也会受到感染，学会积极面对问题。反之，如果家长遇事总往坏的方面想，孩子也容易形成消极的心理。

这种“凡事往好处想”的思维方式，能够为孩子的健康心理奠定一个坚实的基础。

2. 肯定孩子的进步和成绩

几乎每个孩子都曾经在某一时刻有过良好的表现，比如，考试中考出了好成绩，比赛中取得了好名次，活动中获得了老师与同学的表扬与赞赏等。家长要对孩子进行积极的心理暗示，引导孩子回想过去的成功，让孩子肯定自己，看到自己的实力与潜质。

3．避免对孩子进行消极暗示

要想让孩子学会积极的心理暗示，家长就要杜绝用“完了，这孩子糟糕透顶”之类的消极语言暗示自己或者孩子，同时还要消除孩子大脑中的错误信息，如“考试没有考好，老师会讨厌我”“爸爸、妈妈会很生气”等，应该引导孩子用“我努力了，我问心无愧”“我能成功”等话语宽慰自己。

4．引导孩子大胆想象

从科学角度讲，人的想象具有暗示、补充的功能。因此，家长可以引导孩子大胆想象，想象自己获得了成功，想象自己很受欢迎，想象自己得到了夸奖……积极的想象能渗透到人的潜意识。当潜意识接收到想象的画面，就会极力去达成人的这种想象，实现这些愿望。

5．让孩子保持身心健康

人的身心是合二为一的，二者是相辅相成的关系。身体健康，则心情舒畅；反之，如果心情顺畅，身体也会相应地健康成长。

就像有的病人，身体的状况不好，可能导致心理压抑，情绪低落；而这种不健康的心理状态又可能反作用于身体，导致身体的免疫力下降，身体状况越来越差。

所以，要想让孩子对自己进行积极的心理暗示，就需要让孩子保持身体健康，每天适当运动，强健体魄。相关科学研究也表明，爱运动的孩子往往更加乐观积极。

当孩子学会了对自己进行积极的心理暗示，凡事都告诉自己“我能行”“我可以做好”，则有可能逐渐摈弃自卑心理，成为一个乐观自信的孩子。

第八章

帮孩子扭转叛逆心理，开启顺遂人生

叛逆开始总是先在心里盘算，然后才公开行动。

——乔纳森·斯威夫特

猫儿给围赶得走投无路，也会变成狮子。

——塞万提斯

叛逆心理的外在表现

人的一生中一般会出现两个叛逆期。第一个是在2—3岁的时候，这个时期孩子的自主意识开始形成，有了自己的想法，不愿意再事事听大人摆布。第二个叛逆期是在十几岁的时候，根据每个孩子的身心发展状况不同，叛逆期出现的时间也不完全一样。但是大体来看，就是孩子进入青春期以后，会表现出叛逆的心理和行为。

这种叛逆心理的表现往往是狂妄自大、目中无人、自以为是、你说东我就偏向西，常会与家长或老师“对着干”。

星期五这天，班长说：“李明，今天该你值日，你怎么没把教室的卫生搞好啊？”

“为什么要我做好？”李明反问。

“该你值日，你不做好怎么行？”班长说。

“怎么不行？今天我就不做好，你能把我怎么样？”李明说。

“你？你怎么这样？”班长生气了。

“我怎么了？有本事你告我去。啰哩啰嗦的，不就是一个小班长吗，摆什么臭架子？”李明嚣张地说。

最后俩人吵得不可开交，差点大动干戈。

显然，故事中的李明就是一个叛逆的孩子。

一般来讲，孩子的叛逆心理主要有以下十种具体表现。

第一，不喜欢按照别人说的去做，认为绝大多数规章制度都是不合理的，应该废除。

第二，如果父母再三叮嘱同一件事就会感到厌倦。

第三，佩服与老师对着干的同学，认为父母、老师的话很多都有漏洞。

第四，喜欢与众不同，爱做令人大吃一惊的事情。

第五，喜欢引起其他同学的注意。

第六，违反某些规定的时候会感到快乐。

第七，受到批评时常常感到愤怒，认为父母和老师不应该为一点事小题大做。

第八，认为冒险是一种极大的快乐，一旦决定做某件事，不管别人怎样阻止也不会改变主意。

第九，对伤害自己自尊心的人，想要给他添些麻烦，让他感到自己是不好惹的。

第十，越是禁止做的事情，越要想方设法去做。

孩子的叛逆心理是正常心理，也是问题心理；有消极性，也有积极性。在孩子的成长道路上，叛逆心理是必然存在的，它是一种正常的心理形态。孩子的叛逆心理往往具有求异思变的特点，是智慧的火花，创造的源泉。积极的叛逆心理是一面明镜，如能加以正确利用和引导，能够收到良好的教育效果。

但是叛逆心理也给家庭教育、学校教育带来了一系列问题，是一个亟须解决的心理问题。当叛逆心理得不到合理调节就会呈现消极作用，使家庭教育、学校教育不能顺利进行，进而转化为矛盾，严重者会造成事故，甚至酿成悲剧。

家长要了解、顺应孩子的生理、心理成长规律。对于孩子的好奇心，应适当给他们提供探索实践的机会，不要以过来人的身份，事事干涉他们。随着孩子的成长，家长不要老是采用抚育婴幼儿的那种包办、监护的方式，而要留给他们一定的独立空间和自主权利。

家长要与孩子平等相处，不要用粗暴和强硬的方法管教孩子，要真诚地做孩子的知心朋友。特别是当孩子提出一些要求、见解时，不要搪塞了事，而要认真平等地与孩子沟通。

家长要树立正确的教育观，特别是要看到孩子的长处，应该理解孩子，不要给孩子施加过大的压力，让孩子有愉快轻松的心境，这样他们才能顺利度过心理叛逆期。

要成俊杰，应识时务

美国科学家做过一项统计：青春期有叛逆行为的孩子，在成年以后少有事业杰出者。而在青春期没有表现出叛逆行为的“老实孩子”，成年以后工作稳定、家庭幸福的比例更高。

要谈及这个话题，就必须说到中国的一句古话：“识时务者为俊杰。”意思是能认清时代潮流的、聪明能干的人，方可成为英雄豪杰。

那些叛逆心理比较严重的孩子，其实恰恰是“不识时务者”。叛逆的孩子，没有认识到在目前的生活中最重要的是什么，一味地跟老师、家长，甚至同学作对，非但不能使自己获得任何好处，反而错失了最好的学习、成长的机会。

栋栋初中的时候学习成绩属于中上等，班主任老师说，他将来考一本可能有点吃力，但是考个二本应该是没有问题的。

但是读高一那年，由于进入青春期，栋栋的叛逆心理十分严重。在家犯了错误，父母批评一句，他就“离家出走”，去网吧住上个把星期；在学校成绩下滑，老师批评一句，他就梗着脖子，一脸不屑，根本没把老师的话听进耳朵里；平时对同学也是冷言冷语，总像谁欠他二百块钱一样。

而由于叛逆，栋栋上课一直不认真听讲，成绩一路下滑。高考的时候，只考了三百多分，只好读了大专。

假如栋栋没有那么强烈的叛逆心理，好好听父母的话，认认真真跟老师学习，说不定后来的命运就完全不同了。

正是“不识时务”，认不清形势，让栋栋错过了最好的学习机会。所以，对于青春期的孩子，家长一定要做好思想工作，扭转其叛逆心理。

1. 让孩子认识到，老师和家长的批评教育是为了让他变得更好

很多孩子在受到批评的时候，都会觉得“父母是不是不喜欢我”“老师是不是不喜欢我”，其实，这种想法是不对的。无论是父母还是老师，批评教育的出发点都是希望孩子改掉坏毛病，是希望孩子变得更优秀。

家长需要让孩子认识到，父母和老师的批评，对于孩子来讲是一种帮助，帮助孩子认识到自己的错误，进而改正这个错误；而不是因为老师和家长不喜欢他，才会批评他。

对于家长和老师指出的错误，孩子应该虚心接受，感谢老师和家长的批评指正，并且认真改正错误，只有这样才能提高自己，同时也与老师和家长保持了良性的互动。

如果孩子能够以这样的态度面对自己的错误，老师和家长非但不会不喜欢他，反而会认为这个孩子是可塑之才，会更愿意关心和帮助他。

2. 让孩子认识到，当前最重要的“时务”就是学习

青春期的孩子，由于身心的发育，往往会认为自己已经长大了，会去尝试一些通常只有“大人”才会去做的事情，比如抽烟、喝酒、谈恋爱等。

这时家长就需要让孩子认识到，将来进入社会以后，有好几十年的时间可以做“大人”，但是做“学生”的时间只剩下几年。而如何度过这几年的学生时代，也恰恰决定了未来的几十年能够做一个什么样的“大人”。

当然，并不是说学习好的人将来一定很成功，学习不好的人将来一定很失败。而是说，学习好，会让成功这条路变得更好走。学习不好的人，走上社会以后获得事业成功的例子也有很多，但是他们往往要付出超过常人十倍百倍的辛苦。假如他们学习了更多的知识，有名校背景，再有努力加持，所获得的成功一定更为巨大。

所以说，对孩子来讲，学习是一条最好走的路。“识时务”的孩子，要懂得选取这条通往成功的“捷径”。

如果孩子能够明白老师和家长的苦心，努力学习，树立自己的目标，为了远大的理想而努力奋斗，那么就可以在很大程度上冲淡孩子的叛逆心理。因为一个对自己的前途有规划、肯努力的孩子，心理上必然比较成熟，不容易做出叛逆的行为表现。

父母越干涉，孩子越叛逆

家长的过度干涉会导致青春期孩子产生叛逆心理。

据调查，58% 的学生表示，“妈妈总是关注我晚上干什么。” 43% 的学生认为，“妈妈总是挑剔我的朋友、干涉我的交友。” 65% 的学生表示，“妈妈不允许我做一些其他孩子可以做的事，怕我出事。”

其中，为了发泄对家长过度干涉的不满，不少孩子会通过叛逆的形式来证明自己长大成人了。

小力是个初二的男生，长得高大又结实，但脸却拉得老长，神情严肃凝重，准确说是压抑、厌烦、无耐！小力的学习成绩不好，每天只是坐在教室里发呆混时间。小力的父母一着急，就会给小力提各种要求，但小力几乎理都不理，更别说听从与遵守了。

在心理咨询师的开导下，小力逐渐打开了话匣子，“控诉”

起父母的“罪状”：“随着年龄的长大，父母对我的控制变本加厉，对我越来越不信任，零花钱从小学的月给到周给，最后变成日给，现在恨不得分上下午给，需要的时候一个子都不多的给，让我恰好花完，身上一分钱不剩，其实他们就是想控制住我，怕我贪玩、学坏；每天穿什么衣服、留什么发型，可以跟哪些同学玩，晚上9点前必须回家等鸡毛蒜皮的事都要管，反正我说干啥都不行，都得听他们的。上初中后我啥心思都没有，净跟父母软磨硬泡、消极抵抗了。”

心理咨询师：“那你长大了准备干什么呢？”

小力：“不知道，爸爸妈妈想让我出国。”

心理咨询师：“你自己怎么想呢？跟爸爸妈妈的想法一样吗？”

小力：“无所谓啦，反正从小到大都是他们说了算。”

心理咨询师：“嗯，那你出国以后学什么呢？有方向吗？”

小力：“不知道，听他们的呗！”

心理咨询师：“那你又不学习，闲着做什么啊？”

小力：“没事，我上课就趴那睡觉，又不影响其他人。”

心理咨询师：“那你平时都跟谁玩啊？”

小力：“我们班同学我都不搭理他们，有几个在别的中学的小学同学，跟我差不多，但是我们平时见不着，周末了才能约着一起出去玩一会，我妈还老管着，不让我出去，好不容易同意了让我出去，刚出去一会儿就打电话催我回家，我就跟个囚犯一样，没有自由，反正我只要不学坏就行了，就这样混着吧。”

像小力这样的孩子，百无聊赖地虚度着自己的青春，失去了朝气和活力，人生的态度充满了消极。他的人生已然失去了太多，就像被指挥的棋子，正在失去下棋的能力。面对孩子的青春期，父母面临着两难的局面，不放手，小力永远长不大，不能自立；放手吧，多年操心控制已成习惯，小力失去了控制，怎能放心，孩子就真的危险了。

其实，小力的父母心里也是爱孩子的，但是他们思想里固执、保守，不懂变通，把 15 岁的孩子仍当作 5 岁的孩子一样爱着，这样的爱迟早会出问题。对孩子的自由活动有着诸多的限制，不准这不准那，让孩子犹如笼子中的小鸟，没有一点儿自由。这对孩子的身心健康造成了严重的危害。当父母强行支配、过度干涉孩子，孩子失去自由的同时，即便没有走向歧途，也注定会长成一个失去人生目标的孩子。

过度干涉孩子的行为，不仅会束缚孩子的求知欲，磨平孩子的好奇心和探索心，而且会挫伤孩子的自信心，增强孩子的自卑、自闭心理，对孩子的智力发展和人格形成都有极其不利的影响。这就容易激发青春期少男少女的逆反心理，使其通过各种叛逆的言行来表现自己的成人感。

对孩子的过度管教会让孩子落后于时代的脚步，孩子终究要独立地步入社会，而在他们真正踏入社会之前，多接触社会，才能有抵抗外界诱惑的“抗体”。严管是有限度的，它不等于干涉和窥探。父母的过度干涉束缚着孩子。解开孩子的过度束缚，给孩子选择与决定的权利，并尽量让孩子经历丰富的生活，不必怕他受委屈，怕他应付不来而总是不自觉地插手。毕竟，孩子的人生还得他自己去过。

因此，父母更应“该放手时就放手”，避免过度干涉孩子，并多在情感、温暖、理解上下功夫。

不能改变世界，那就改变自己

青春期的孩子，往往很容易产生叛逆心理，感觉自己与周围的世界格格不入，对于父母、老师，甚至同学，都感觉“看不顺眼”，仿佛大家做事都是错的，只有他一个人是正确的。

总有这样一些人，把宝贵的时间浪费在抱怨上。抱怨环境不好，常常是自己不好；抱怨别人太狭隘，常常是我们自己不豁达；抱怨天气太恶劣，常常是我们抵抗力太弱；抱怨考试太难，常常是我们学习不用功……

人不能要求环境适应自己，只能让自己适应环境。

当你感到整个世界都在捉弄你的时候，当你感到不快乐的时候，当你感到世界都错了的时候，你不妨先问一问自己是不是对的。你要想改变被动的局面，唯有改变自己。当你以一种正确的态度去对待这个世界时，世界也会以一种正确的态度对待你。

平庸的人总是喜欢找外界不是的种种理由，却不愿意审视自己的不是。他们看得见别人脸上的灰尘，却看不见自己鼻子上的污点。但强者们却总是在调整自己、提高自己，努力地将自己打造成一个与外界和谐的人。他们深知只要自己对了，世界就对了。

叛逆的孩子，往往都对生活有很多不满：不满父母的唠叨，不满老师的说教，不满同学的冷漠……但是，即使再不满，这个世界也不会因此而发生任何改变。

既然无法改变世界，那何不试着让孩子改变自己，由孩子自己来适应这个世界呢？

1. 不满父母的唠叨，就做一个懂事的孩子

要让孩子知道，父母不会无缘无故地唠叨孩子。父母唠叨，一定是因为孩子做了不好的事情。比如，孩子把书桌搞得乱七八糟，早晨起床不叠被子，每天用电脑玩游戏到深夜，等等。

如果改掉这些坏毛病，做一个乖巧懂事的孩子，不但可以避免父母的唠叨，还有可能听到父母的夸奖。而且，养成好的生活习惯，可以让自己的生活变得更舒适，对自己的整个人生都是有好处的。

2. 不满老师的说教，就做一个勤勉的孩子

要让孩子知道，老师对学生的说教，出发点都是希望学生能够努力学习，提高成绩，将来考上更好的高中、更好的大学。

如果孩子在学习方面尽到了自己最大的努力，即使成绩没有出类拔萃，老师也不会过分说教，而是会针对孩子的知

识薄弱点帮助讲解，以提高孩子的学习成绩。

所以，要想避免老师的说教，最好的方法就是做一个勤奋学习的好孩子。

3. 不满同学的冷漠，就做一个热情的孩子

要让孩子知道，如果周围的人都很冷漠，就试着自己去做一个小太阳，给大家带去温暖。周围的人也会受到热情感化，变得不再那么冷漠。

俗话说："伸手不打笑脸人。"当你一直对别人表达友善，别人也不好意思总是拒你于千里之外。人与人之间的关系之所以从远到近，一定要有一个人先迈出第一步。如果别人不肯迈这一步，那就试着自己迈出去。

家长需要让孩子认识到，改变世界很难，但是改变自己就容易得多。当自己改变以后，就会发现，周围的人对自己的态度也会随之改变，自己与世界会从针锋相对的两端，变成水乳交融的一体，这对孩子的心理健康发展是十分有利的。

巧妙化解孩子的对抗心理

现代家庭，很多父母和孩子的关系搞得很紧张，彼此无法沟通，一谈话就吵架。很多家长觉得很不理解：自己一心一意为了孩子，操碎了心，可孩子并不领情，反倒产生与父母对抗的心理，怎么会这样呢？

其实，孩子产生与家长对抗的心理，有些时候是由于家长的教育方法出了问题。当孩子对父母的说教听不进去，还产生对抗心理的时候，父母要控制自己的情绪，不要恼羞成怒、口不择言，而应该保持冷静和理智的态度，并想办法巧妙地化解孩子的对抗心理，和孩子之间保持良好的沟通关系。只有这样，才能让孩子形成健康的心理。

安琪今年上初三，在父母的眼里，她十分叛逆，是个让人头疼的孩子。安琪妈妈找到老师诉说："我和她爸爸都是20世纪80年代出生的人。现在的孩子心里在想什么，我们根本不明白。我和她爸爸在孩子的教育上问题上，实在是太失败了。”安琪妈妈的话语里有太多的无奈。

“我们把一生的心血都倾注在孩子身上，但是这些不但得不到女儿的认可，而且她还经常和我对着干，我觉得这孩子真让人伤心。”安琪的妈妈提起自己的女儿眼圈红红的，“我女儿比同龄孩子早熟，她上五年级的时候，就开始讲究吃穿了。一开始，我给她买的衣服她不喜欢，还冲我嚷嚷。我对她说，从小要养成艰苦朴素的习惯，不应该在物质上和别人攀比。她不说话，我以为她接受了。谁知后来，她虽然不再冲我嚷嚷了，但是却死活不肯穿我给她买的衣服。我不给她买她想要的衣服，她就借同学的穿。”

“上初一时，安琪迷上了武侠小说，开始，我还以为她在房间里学习呢？那天，我给她拿水果过去，看到了课本下压着的小说，气得我当场就把书撕了，还给了她一巴掌。可是，女儿等我出去后，又哭着把书从地上捡起来，把撕烂的书用透明胶一页一页粘起来。从门缝里看到这个情景，我真是觉得悲哀，我对女儿的爱居然敌不过一本小说。自从这件事之后，孩子就基本上不理我了。我想过，是不是我有点粗暴。于是，我尝试着和女儿沟通，但是，她居然说没这个必要。”讲到这里，安琪的妈妈有些哽咽，她希望老师帮她。

当老师和安琪交谈的时候，发现这个小姑娘很有自己的一套想法：“我妈就会给别人讲，她多辛苦，我多不理解她，可她理解我吗？偷看我写的日记，不让我接男同学的电话，同学过生日，她又死活不让我去。她整天唠叨我的不是，要求我什么都得听她的，凭什么呀？我长大了，才不想被她牵着鼻子走呢。和家长有什么好交流的，结果还不一样？他们要的只是一个听话的木偶。”看来，这些话已经在安琪心里憋了很久。

安琪和妈妈之间的关系如此不和谐，就是因此彼此之间沟通不畅造成的。在妈妈的眼里，安琪永远是那个襁褓中的小姑娘，需要妈妈的关心和爱护。而随着岁月的流逝，安琪早已经长大了，她不再是那个缠着妈妈的脖子要抱抱的小女孩儿了，她有了自己独立的思维，她开始需要自己的私人空间，她也开始有了自己的小秘密，而这些小秘密，她不想让父母知道。做父母的如果不能正视孩子长大的事实，还是按照孩子小时候的方法教育孩子，觉得孩子的一切都应该在自己的掌握之中，那么，在教育孩子的时候，就很容易和孩子产生矛盾，激起孩子的逆反心理。

当孩子产生逆反心理的时候，父母首先要从自身寻找原因，也许是自己的教育方式不对。另外，在孩子有反抗心理的时候，父母要瓦解孩子心里的防线，化解孩子的对抗心理，而不是强迫孩子接受自己的观点。

化解孩子对抗心理的办法有很多种。

1. 耐心解释

当孩子提出类似“为什么别的孩子可以打游戏而我不可以”的疑问时，家长要给孩子耐心解释，而不能只是简单地说：“别人是别人，你是你，我说不准就是不准，不要问那么多。”这对于孩子来说就如同挨了一记耳光，从此在心里留下阴影。

家长应该借这个机会和孩子展开有关价值观的讨论，告诉孩子打游戏有可能影响他的学习等。如果孩子要买一个特别昂贵的玩具，家长也不要简单粗暴地拒绝：“我没有那么多钱给你买那么多没用的东西。”而是可以和孩子商量，给孩子讲清楚如此昂贵的消费实际上并没有什么意义。

2. 把命令改成建议

很多家长在和孩子说话的时候，总喜欢命令孩子，与孩子的交流是家长单方面输出自己的想法，并没有考虑和尊重孩子的自主性。这样的教育，势必让孩子出现逆反心理，和父母对着干。在这个时候，家长可以改变一下说话的方式和口气，比如“换一种方式，你看如何”等，给孩子以建议。

从形式上看，建议是在征求孩子的意见，这样会让孩子觉得父母在尊重他，他也更容易认真地听父母说的话。而且建议是让孩子自己作出选择和判断，有利于培养孩子的思维能力和判断能力。

3. 暂时回避

在父母和孩子双方情绪都比较激动的情况下，父母要主动放弃和孩子的抗衡，待孩子情绪缓和，冷静下来之后，再心平气和地和孩子谈。而这个时候，孩子也比较容易接受意见，改正错误。如果是家长的意见不合适，家长应该做自我批评，这样才能让孩子口服心服。因为平等的亲子关系，会给双方以好的感受。如果少了这个缓解的过程，对父母和孩子来说，都是不好的，可能既伤了心，又伤了身体，甚至破坏了亲子关系，使家长和孩子之间产生隔阂。

当孩子出现叛逆心理的时候，家长一定不要与孩子硬碰硬，而是要采取有效的方法缓解彼此的关系，这对于维护亲子关系、保护孩子心理健康都是有利的。

掌握正确批评方式，让孩子更易接受

很多家长抱怨，自己家的孩子正处于青春期，听不得批评，即使受了批评也不愿意改正错误。其实，家长在抱怨孩子的时候，可能忽略了自身的教育方式所存在的问题。

在家庭教育中，这样的话经常听到：“你怎么每次做作业都要我来提醒你？”“你怎么还去打游戏啊？”“你怎么只知道玩呀？”“你怎么每次考试都考那么差？”家长总是有意无意把自己放在一个强者的位置，习惯于用责骂的语气、评价的语气和孩子说话，而很少用平等的口气和孩子说话，尤其是在孩子犯错的时候，这种口语气更加严厉。

一个周末的午后，小武在打游戏，妈妈边收拾家务边提醒小武：“小武，玩一会儿游戏，别忘记了做作业。还有，记得把那篇《三字经》抄一遍。”小武点点头，响亮地答应了一声。

半小时以后，当妈妈收拾完再到小武的房间，却发现小武依然在玩游戏，似乎把做作业这件事情忘记了。妈妈想起来小武上个星期的期中考试考得很不理想，而今还这样不思进取，不觉有点儿火大，口气也不知不觉变得生硬了：“你怎么这么没有上进心啊，你看隔壁的小玉，成绩比你好，人家还知道每天自觉地看书学习，我天天在你耳边提醒你，你还这样，你能不能自觉点啊？”

谁知小武这次听到妈妈的训斥，并没有像以前那样顺从地赶紧站起来去写作业，而是很不耐烦地说：“妈妈，你老是说我怎么不这样，怎么不那样，还老是拿我跟别人比较，我听见了心里很烦，你只看到我在玩的时候，我学习的时候你怎么看不到，你总这样说我，我听见就烦！”

妈妈当时一听，就愣了一下。是啊！自己说过太多类似的话，而且用这样的责问评价口气去指正孩子，已经快成为自己的一种习惯了。

小武妈妈陷入了深深的思索，并从这件事起开始反省，试着去努力改变自己。

生活中，很多家长教育孩子的时候无意识地使用辱骂挖苦的字眼，他们认为这样做是不得已的教育方式。但对于孩子来说，这无疑是一种折磨。在日常生活中，大多数父母都会有这样的苦恼：想让孩子干什么，孩子偏偏不去做，甚至故意唱“反调”；而不让孩子干的事，孩子偏偏干得很起劲。

而为人父母的我们，往往怒火膨胀，尖刻、严厉、不管深浅的怒骂随口而出。但是骂也骂了，打也打了，孩子依然是我行我素，用不了多长时间，就又和原来一样了，甚至有时候还会变本加厉，变得越发难以沟通。造成这种现象的主要原因就是：家长在和孩子沟通的时候，没有注意方法，不能让孩子心服口服。

无数事实证明，家长在教育孩子的时候使用过激的语言很容易引起孩子的反感，达不到教育的目的。我们之所以习惯责问，习惯评价，是因为没有把自己和孩子放平等位置。

家长需要试着改变自己，换一种口气和孩子说话。比如孩子的字写得很潦草，不要打击孩子，而是对孩子说："孩子，妈妈看你今天写的作业很不清楚，感觉不怎么舒服，你自己看着呢？"

口气一换，孩子听着顺耳了，心情愉悦了，不仅不抵抗，反而由被动变主动。肯定、感恩、信任、价值……这些非常积极的心理暗示，就会不自觉地转化为孩子的自我要求，有助于形成良好的行为习惯。

少一点"责问评价"，多一点"感觉交流"，换一种口气和孩子说话，孩子就会向着你期望的样子成长，也会更容易形成健康的心理。